순언

醇言

순언

율곡의 노자 『도덕경』 해석

이이 지음 · 서명자 옮김

참출판사

옮긴이 서명자徐明子

대학 졸업 후 상담명예교사로 초중고 순회교육, 부모교육 강사로 한문교육 지도를 하였다. 성균관대학교 대학원에서 '동아시아 사상학과 유교경전 한국사상'을 전공, 「율곡의 효사상 연구-성학집요 정가장을 중심으로」로 석사학위를 받았으며, 현재 동대학원 유교동양한국철학과 한국철학 박사과정 수료 연구생으로, 율곡 사상 연구를 이어가고 있다.

일러두기
1. 율곡 이이의 『순언醇言』 원본은 서울대학교 규장각 소장본을 저본으로 하였다.
2. 동사정의 『太上老子道德經集解』 중화민국 28년(1939년) 발행된 인쇄본을 참고하였고, 부록으로 실었다.
3. 각 장의 제목은 핵심 용어를 중심으로 달았다.
4. 본문의 주요 단어는 필요에 따라 한글과 한문을 병기했다.
5. 각 장마다 각주를 통해 관련 원전을 밝혔으며, 한글 해설은 이해를 돕고자 붙인 것이다.

옮긴이의 말

만나는 사람마다 "그 나이에 공부는 무슨 공부냐? 왜 그리 어려운 학문을 하느냐?"고 한다. 그런가? 나는 한번도 어렵다고 생각한 적이 없는데, 정말 어려운 학문인가? 다시 생각해도 나에겐 그렇지 않았다. 율곡의 학문에는 사람의 마음을 녹이는 강력한 힘이 있다. 개념이 명확하고 논리적이며 현실을 벗어나지 않는 '지知'와 행行'의 이론이 뚜렷하다. 그래서 무궁무진한 저력이 있다.

이것이 한국 철학의 힘이다. 특히 한국 철학은 계속되는 사화士禍로 인한 어려움 속에 꽃을 피웠기에 그 뿌리가 단단하고 깊다. 파고 파도 끝이 보이지 않는 신비함이 있다. 적어도 나에게는 그랬다.

『순언醇言』도 그러한 책 중 하나이다. 석사 과정을 할 때 처음 율곡 연구를 접하였고 박사 과정에서는 학기마다 늘 연구 과제로 작성하곤 했다.

신기한 책이다. 하루 종일 보았는데 한 글자도 기록하지 못한 날이 허다하였고 또 며칠 덮어놓고 있으면 꿈속에 나타나 마음을 힘들게 했다. 그렇게 반복하기를 여러 번. 연구 과정이 끝나갈 무렵 그동안 마음을 힘들게 한 『순언』을 정리하기로 했다. 결정하고 나니 오히려 마음이 가벼웠다.

『순언』은 어떤 책인가? 『순언』은 성리학자 율곡이 노자老子의 『도덕경道德經』을 가장 잘 표현한 책이다. 『도덕경』 81장을 40장으로 재편성하였고, 또 동사정董思靖의 주석서 『태상노자도덕경집해太上老子道德經集解』를 이용하였다는 특이한 점이 있다.

　규장각 서고의 자료에 의하면, '이이李珥가 노자의 『도덕경』 중에서 유학의 뜻과 근사한 2,098자를 뽑아 거기에 주석과 토를 붙여서 엮은 책으로 성학聖學에 해害가 없는 말이라고 하여 '순언醇言'이라 이름하였다.' 했다. 핵심은 수기치인修己治人이다. 인간이 인간으로 올바름을 지향하고, 자신을 성찰하고 그러한 품성을 함양하며, 그 지향하는 바는 성인聖人이다.

　이 오래된 옛 책이 현대인에게 필요한가. 이에 대해 확실하게 답할 수 있다. 온고지신溫故知新이다. 더 나아가, 현대인에게 가장 필요하고 현대인이 꼭 읽고 생각해봐야 할 책이라고 말하고 싶다. 왜냐하면 『순언』은 '수기치인' 즉 나를 사랑하고[修己] 그 사랑하는 마음을 미루어 내 가족 그리고 이웃의 사랑을 실천하는 '치인治人'으로 나아가는 확장 과정과 공부의 방법이 명확하기 때문이다. 즉 인간과 인간 사이에 오가는 갈등, 사회생활의 적대감과 적응의 어려움, 물질에서 오는 소외감을 극복하는 힘을 얻고 심성을 함양하게 해주는 책이다.

사람은 누구나 좋은 사람과 얘기하면 하루 종일 행복하고 시간의 흐름도 잊어버린다. 반면 통하지 않는 사람과는 짧은 시간도 하루처럼 길게 느껴질 때도 있다. 『순언』은 좋은 사람과도 같다.

현대인이 자아自我를 찾고자 한다면 『순언』의 제1장에서 자신의 모습이 보일 것이며, 태극太極의 이理를 찾는다면 그것에 맞는 뜻을 세우는 것이 필요하다. 율곡은 『성학집요聖學輯要』 「입지장立志章」에서 "뜻이 서지 않으면 세 가지 병통이 있다 하였으니 첫째는 믿지 않음이며 둘째는 지혜롭지 못함이며 셋째는 용감하지 못함이라" 하였다. 그런 다음 이를 '경敬'으로 수렴하였다. 경은 '성학의 처음이자 끝이다'라고 주자가 말하였으니 격물에 나아가 궁리하고 궁리하면 우리가 살아가는 올바른 선善을 지킬 수 있는 것이다.

이것은 『소학小學』에서 배우게 되는 인간 도리의 첫 관문인 예禮이다. 세수하고 인사하고 청소하는 기본 질서와 사람을 대하는 예의와 태도를 배우고, 싹이 잘 자라게 양분을 주는 것이며 올바른 인간으로 성장하는 길을 제시하고 있다. 그러니 꼼꼼히 읽으면 자신의 소중함을 알게 된다. 즉 내가 무엇을 좋아하고, 어떠한 성향을 가지고 있으며, 무슨 일에 재미를 느끼는지 깨닫게 되고, 순간순간 행복을 느끼게 된다. 즉 사는 것이 행복하고 사람들이 다정하고 아름답게 느껴지는 것이다.

『순언』을 통해, 이 세상은 참 아름답고 살아갈 가치가 있으며 나를 필요로 하는 곳이 늘 내 곁에 있다는 것을 보다 더 많은 사람들이 알았으면 하는 바람이다.

    졸저拙著를 준비하며 『순언』의 해석이 하나의 답습이 될까, 고민도 있었다. 그럴 때마다 격려와 지도로 이끌어주신 최영진 교수님, 묵묵히 감수해 주신 엄상섭 선생님께 감사드립니다.

2023년 3월
동춘당動春堂에서
서명자

차례

옮긴이의 말 ……………………………… 5
『순언醇言』에 대하여 ……………………………… 13

제1장　천도조화 天道造化 ……………………………… 23
제2장　도존 道尊·덕귀 德貴 ……………………………… 28
제3장　도체 道體 대지 大旨 ……………………………… 30
제4장　행도 行道 ……………………………… 32
제5장　알인욕 遏人欲 ……………………………… 36
제6장　복기성 復其性 ……………………………… 43
제7장　입도성덕 入道成德 ……………………………… 45
제8장　포일위천하식 抱一爲天下式 ……………………………… 50
제9장　지지 ·명명 ……………………………… 54
제10장　지족지지 知足知止 ……………………………… 58
제11장　수렴방심 收斂放心 양기지 養其知 ……………………………… 61
제12장　수도극기 守道克己 ……………………………… 64
제13장　삼보위수기 三寶爲修己 ……………………………… 67
제14장　유약승강포 柔弱勝强暴 ……………………………… 72
제15장　검 儉 ……………………………… 77

제16장	불감선 不敢先	......	80
제17장	상선약수 上善若水	......	82
제18장	자慈·유柔·겸謙	......	85
제19장	체용일원 體用一源	......	88
제20장	군자정중 君子靜重	......	94
제21장	청정지정 淸靜之正	......	99
제22장	청정자수 淸靜自修	......	101
제23장	자수지공 自修之功	......	104
제24장	전덕지효 全德之效	......	106
제25장	수기지극 修己之極	......	108
제26장	치인지도 治人之道	......	111
제27장	성인순리 聖人順理	......	114
제28장	성인지화 聖人之化	......	116
제29장	선신지지 善信之至	......	119
제30장	무사치도 無事治道	......	122
제31장	무위지화 無爲之化	......	126
제32장	무위지의 無爲之義	......	132
제33장	치인지설 治人之說	......	134
제34장	무심 無心	......	138

제35장	왕도지효 王道之效	141
제36장	신시선종 愼始善終	144
제37장	천도복화 天道福禍	148
제38장	휴영익겸 虧盈益謙	152
제39장	권권위인 惓惓爲人	154
제40장	솔성지도 率性之道	157

부록	율곡 이이의 생애와 사상	162
	참고문헌	182
	『太上老子道德經集解』원문	187

『순언醇言』에 대하여

　『순언』은 1974년 규장각奎章閣에서 류칠로柳七魯에 의해 발견되었다. 현전하는 『순언』은 필사본이고 현재 조사된 이본異本들도 모두 필사본이며 대표적인 이본은 미국 버클리대학(University of California, Berkeley)의 동아시아도서관(C. V. Starr East Asian Library) 아사미문고(Asami collection, 淺見倫太郎文庫)에 소장된 필사본과 일본 동양문고東洋文庫 소장 필사본[1]이 있다.

　현전하는 필사본은 홍계희(洪啓禧, 1703~1771)에 의해 1750년 출판된 판본을 필사한 책이다. 홍계희는 율곡의 사위이자 제자였던 사계沙溪 김장생(金長生, 1548~1631)의 아들 신독재愼獨齋 김집(金集, 1574~1656)의 후손에게서 김집이 필사한 『순언』을 구했다고 입수 경위를 설명하였다. 이는 김학재의 논문 「『순언』에 드러난 율곡의 『노자』 해석의 지평」[2]에 보인다.

---

1) 동양문고 소장 필사본의 영인본을 현재 우리나라 국립중앙도서관에서 소장하고 있다. 이상은 고려대학교 해외한국학자료센터 http://kostma.korea.ac.riks에서 확인할 수 있다.

2) 고려대학교 철학연구소, 『철학연구』 48집.

『순언』은 유학자인 율곡栗谷[李珥, 1536~1584]이 노자 『도덕경道德經』 총 81장에서 2,098자를 발췌해 총 40장으로 중국 남송南宋시대의 도교학자 동사정의 주에 자신의 주해와 현토를 달아 재구성한 책이다. 『순언』은 순일純一(다른 것이 섞이지 않은), 또는 순정純正의 의미로 해석한다. 또한 금장태에 의하면『순언』은 한국유학사에서 "노자 『도덕경』의 주석서로 조선 최초이며 이것을 기점으로 후세에 『순언』은 조선 유학자 박세당(朴世堂, 1629~1703)의 『신주도덕경新註道德經』과 서명응(徐命膺, 1716~1787)의 『도덕지귀道德指歸』와 이충익(李忠翊, 1744~1816)의 『담노談勞』 그리고 홍석주(洪奭周, 1774~1742)의 『정노訂老』 등에 많은 영향을 주었다."[3] 말하였다.

『순언』의 철학적 배경

『순언』을 연구하고 책으로 출간하는 학자들은 대부분 말하기를, 도가와 유가는 근본적으로 양립하기가 어렵다고 한다. 양립하기 어렵다고 하는 학자들의 입장은 학문적, 정치적, 시대적 상황에 따라 복합적인 해석이 있을 것이다. 시대적 상황으로 말한다면 조선이라는 나라의 특징을 말하지 않을 수 없다. 시대적 사실로 보면 조선은 도학정치道學政治로 국가의 이념을 유학에 두었으니 도가뿐 아니라 불교와 다른 사상적 이념을 배척할 수밖에 없었다.

그럼에도 불구하고 율곡이 『순언』을 연구한 이유는 무엇일까? 논자는 율곡의 독자적 공부 방법으로 생각하였다. 유학을 공부하듯이 도가·

---

3) 금장태 「한국유학의 『노자』 이해」, 서울대학교출판부, 2006.

불가 외의 사상가들의 이론을 공부로 삼고 다른 사상의 이론을 접하여 유학을 더욱 공고히 하고자 한 것은 아니었을까?

노자의 『도덕경』은 중국 고전을 대표하는 책 중의 하나이고, 율곡은 조선 500년의 구도장원자九度壯元者이며 기호학파를 대표하는 조선의 유학자이다. 상고시대 유학은 단순히 인간이 살아가는 도리를 실천적 측면에서 말하였다면 조선 유학은 적극적이고 수식하는 내용이 많아졌으며, 문화의 발달로 많은 것이 요구됨에 따라 그 내용이 더욱 구체적이고 심오해졌다. 유가·도가는 상고시대를 거쳐 오면서 지향하는 바에 따른 이론적 차이는 있었겠지만 결국 우주를 논하고 인간이 살아가는 도덕 윤리를 논함에는 말의 표현이 다를 뿐 그 차이는 작을 것이다.

이러한 소이연所以然으로 율곡은 노자에서 유학에 가깝고, 유학에 방해가 되지 않는 순일한 내용만 뽑아, 유가 하나만이 아닌 더 넓은 시야로 보고자 했다. 이 독자적 주장에 대해서는 반론도 있었다.

율곡이 "도가의 노자 『도덕경』을 재편성하여 『순언』을 지었지만 『율곡집』 어느 곳에도 실을 수 없었고 기호학파의 여러 학자들이 필사하여 소장만 하다가 충청감사 홍계희(洪啓禧, 1703(숙종29)~1771(영조47)에 의하여 드러난다."[4] 발문에 의하면 송익필(宋翼弼, 1534(중종29)~1599(선조32)은 율곡의 작업을 만류하였다고 하니[5] 당시 시대적 상

---

4) 금장태 「한국유학의 『노자』의 이해」, 서울대학교출판부, 2006, 27쪽 참조.
5) 김학목 『율곡 이이의 노자』, 예문서원, 2001.
   금장태 「한국유학의 『노자』의 이해」, 서울대학교출판부, 2006, 36쪽 참조.

황에서는 오해의 소지가 있고 따라서 『율곡집』에 수록할 수 없는 저술로 받아들여졌던 것이다.

　도통을 중시하는 정통正統에서 편찬하기도 어려운, 도가의 학문을 연구한 율곡의 그 마음은 무엇이었을까? 이종성은 「율곡과 노자」에서 『순언』의 철학적 특징을 찾고자 하였고[6] 송항룡은 "율곡은 『도덕경』의 내용 가운데 어려운 요체만 뽑아서 쉽게 풀이하였다."[7] 하였으며 김학목은 유학의 수기치인으로 해석하고자 하였고[8], 금장태는 「한국유학의 『노자』의 이해」에서 '도학-주자학의 정통성에 대하여 확고한 신념을 지닌 인물이다.'[9] 하였다. 홍계희는 발문에 '반드시 유학의 도로 귀결되는 데 도움이 있다.'[10] 하였다. 이러한 관점에서 볼 때 도가사상에서 취하고자 한 유가사상의 근거는 무엇이며 『순언』에서 볼 수 있는 도의 실천 원리의 구체적 내용은 무엇인지, 『순언』의 요지를 살펴보기로 하자.

『순언』의 구성과 요지
노자의 『도덕경』 하면 도道를 말하고, 공자의 유儒를 말하면 천리 덕행의 실천을 강조한 것이었다. 이로써 상위 계층, 일반 백성 할 것 없이 도리 교육으로 질서를 바로잡고자 하였다. 또한 도가는 도가대로 유가는 유가대로 우주의 원리·천도 운행에 순응하기를 바였고 학파를 떠나

---

6) 이종성 「율곡과 노자」, 충남대학교출판문화원, 2016.
7) 송항룡, 「율곡 이이의 노자 연구와 도가 철학」, 성균관대 대동문화연구원, 1987.
8) 김학목 『율곡 이이의 노자』, 예문서원, 2001.
9) 금장태 「한국유학의 『노자』의 이해」, 서울대학교출판부, 2006.
10) 유성선·이난숙 「율곡의 『순언』 유학자의 노자 『도덕경』 이해」, 경인문화사, 2015.

누구나 성인의 학을 배우고 성인에 이르기를 쉼 없이 노력해왔다.

왜 이렇게 쉬지 않고 어려운 길을 가려고 했던 것일까? '도'라는 것이 도대체 무엇이기에, 율곡 역시 성인에 일치하는 순수를 『도덕경』에서, 성인의 말씀에 어긋나지 않고 사욕이 없는 온전함을 찾고자 하였는가.

『순언』은 노자 『도덕경』 총 81장 중 40장으로 2,098자를 발췌하여 율곡이 직접 주해하고 현토를 붙여 유학적 해석으로 재구성한 책이다.

『순언』 제1장을 보면

道生一, 一生二, 二生三, 三生萬物 - 1절 - 『도덕경』 42장,

天地之間 其猶橐籥乎 - 2절 - 『도덕경』 5장,

虛而不屈 動而愈出 - 3절 - 『도덕경』 - 5장,

萬物 負陰而抱陽 冲氣以爲和 - 4절 - 『도덕경』 - 42장으로 한 장을 마무리한다.

『순언』은 우리들이 통상으로 보고 있는 하상공의 주註나 왕필의 주가 아니라 '동사정이 집필한 『태상노자도덕경집해』[11]'를 인용하였고, 주자 『회암집』, 『주자어류』·사마광·유사립·송나라 휘종·양웅·소철·굴원·한유·청자·열자·성탕왕·이윤·순자'[12] 등 글의 주석을 가져와 풀이하였다. 『순언』의 발문에 따르면 다음과 같다.

---

11) 『태상노자도덕경집해』는 청원규산淸源圭山 동사정이 순우병년淳祐丙年(1243)에 지은 집해서이다.

12) 「율곡의 『醇言』 유학자의 노자 『도덕경』 이해」, 옮긴이 유성선 · 이난숙, 경인문화사, 2015, 10쪽, 참조.

대체로 『순언』은 무위를 종지로 삼았지만, 그 효용은 행하지 못하는 것이 없으니 또한 허무에 빠지는 것을 말한 것은 아니다. 다만 이 책에서 하는 말은 대부분 조회가 깊고 걸핏하면 성인을 칭하고 위로 천리에 도달하는 것을 논한 것이 많고 아래로 인사를 배우는 논의가 적으니 마땅히 상근을 가진 선비는 접하기에 적당하나 중인 이하의 자질을 가진 선비는 공부에 착수하기가 어렵다. 다만 이 책에 있는 말은 자신의 사욕을 극복하고 인욕을 막으며 정중으로 고요하고 신중함으로 자신을 지켜서 겸허謙虛로 자신을 기르고 자애慈愛와 간략함[13]으로 백성을 다스린다는 뜻에 대하여는 모두 친절하고 재미가 있어서 배우는 사람들에게 유익할 것이니 이 책을 성인이 남긴 책이 아니라 해서 이것을 살펴보지 않으면 안 된다.[14]

    율곡은 『순언』을 『도덕경』의 핵심인 '무위'를 종지로 언급한다. 무위는 자연 그대로, 인위적으로 하지는 않지만 그렇다고 안 하는 것도 아니며 허무虛無에 빠지지도 않는다. 허무는 현상세계의 본원의 텅 빈 상태로 도가의 '현玄' '원元' '일一' 을 나타낸다고 말할 수 있다. 유가에서 말하는 태극일 수도 있다. 허무라는 것은 사전적 의미로 '텅 비어 아무것도 하지 않는 것'이라고 되어 있으나 춘추전국시대 정나라[鄭國]의 사상가인 열어구列禦寇 저서에 노자의 '청허무위淸虛無爲'의 사상을 서술한

---

13) 『論語』「雍也2」: 仲弓問子桑伯子, 子曰 "可也 簡." 仲弓曰 "居敬而行簡 以臨其民 不亦可乎 居簡而行簡 無乃大簡乎."

14) 『醇言』: '此書以無爲爲宗而 其用無不爲 則亦非溺於虛無也 只是言 多超詣動稱聖人 論上達處多 論下學處少 宜接上根之士而 中人以下則難於下手矣. 但其言克己窒慾 靜重自守 謙虛自牧 慈愛臨民之義 皆親切有味有益於學者 不可以爲非聖人之言而莫之省也.'

기록이 있으며 구체적으로 '무위'를 유가에서는 『주역』의 '생각도 없고 하는 것도 없다. 하지만 고요히 움직이지 않고 있다가, 일단 느끼게 되면 마침내 천하의 일을 통하게 된다. 천하의 지극히 신령스러운 자가 아니면 그 누가 여기에 참여할 수가 있겠는가.'[15]라고 하여 천하지고天下之故, 하늘의 매개가 되었을 때 통하는 것으로 말하였다.

도가에서는 '도는 형체가 없기 때문에 보려고 해도 보이지 않고 들어도 들리지 않고 만져도 만져지지 않는 것'[16]이라고 하므로 아득하여 모습도 형상도 소리도 없어서 통하지 않는 것이므로 없어서 하나라고 하였다. 그렇다면 중용의 성으로 시작하여 무성무취로 끝나는 도와 도가에서 말하는 무상無象, 무성無聲, 무향無響의 고혼이위일故混而爲一은 다르다고 말할 수 있는가?

무위는 자연으로 이루어진 인간의 의식과 행위 자체를 거부하는 것이 아니라 자연적인 속성에 따라 순응하여 저절로 그러한 것이지 언어로 표현하는 것도 특별한 지식을 요하는 것도 아닌 것이다. 즉 무위는 도이며 도는 자연 그대로를 좋아한다고 할 수 있겠다. 등식으로 표현하면 무위 = 도이고, 도 = 자연이 성립된다.

인간은 모든 이에게 똑같이 하늘이 부여한 오상五常의 덕을 갖추어 태어난다. 하늘로부터 받은 명은 사람마다 다 다르지만 '사람은 차마 그

---

15) 『周易』繫辭傳 上: '易 无思也 无爲也 寂然不動 感而遂通天下之故 非天下之至神 其孰能與於此.'
16) 『道德經』14章: '視之不見 名曰夷 聽之不聞 名曰希 搏之不得 名曰微 此三者 不可致詰 故混而爲一.'

렇게 하지 못하는 마음을 가지고 있다.'[17] 이것을 본연의 성性이라 하고 형체가 생긴 이후 기질이 나오는 것을 재才라고 하였다. 재에는 선善도 있고 불선不善도 있어서 본래 맑은 재가 맑게 되고 기질이 탁하게 흐르면 재도 흐려진다. 흐려진 재를 닦는 공부가 바로 수기에 있다. '인간이 타고난 본성은 서로 비슷하나 습관에 따라 멀어질 수 있다.'[18]한 것은 조금 더 깊이 생각하면 성은 기질을 겸하여 말하고 있으며 기질에는 좋고 나쁨의 차이는 없으나 인간의 하고자 하는 욕구가 강하면 여기에는 선·불선으로 나뉠 수 있다는 것이다. 그러므로 율곡은 자신을 닦는 공부를 강조하여 사욕을 극복하고 인욕을 막는 공부를 사서 육경을 통하여 수기치인으로 나아가길 바랐다.

    율곡에 의하면 나를 찾아가는 길은 극기이며 학문으로 함양하고 성찰하여 본성을 회복하고 사사로운 인욕을 없애고 겸허와 자애, 대범함의 결실을 말하므로 동기·과정·결과로 일관한다. '하나의 생각이 싹트면 반드시 이것이 천리인가 인욕인가 살펴, 만일 천리이면 공경으로써 확충하고 조금이라도 막히지 않게 하며 만일 인욕이라면 공경으로써 극복하되 조금이라도 막힘이 없게 하여 말과 행동으로부터 사람을 쓰고 일을 처리하는 데까지 이것으로써 미루어 결단해야 한다.'[19] 이것이 성

---

17) 『孟子』: 不仁而人之心.

18) 『論語』「陽貨2」: 性相近也 習相遠也.

19) 『聖學輯要』「正心章」: '一念之萌 則必謹而察之 此爲天理耶 爲人欲耶 果天理也 則敬以擴之 而不使其少有壅閼 果人欲也 則敬以克之 而不使其少有凝滯 推而至於言語動作之間 用人處事之際 無不以是哉之.'

인이 되는 길이며 올바른 본성으로 돌아갈 수 있다는 의미이다. 이치를 알아서 맞게 행하고 실천하는 것을 도라 하고 도를 실천하는 사람을 우리는 도학자라고 한다.

율곡은 도학에 대해 "송대로부터 시작하여 도학은 본래 인간 윤리의 내면성을 밝히는 데 그 본질이 있으므로 인간의 도리를 극진하게 하는 것이 곧 도학이다."[20]라고 하였다. 또한 "도학자道學者는 반드시 선행善行을 구비하고 있지만 선행자라고 하여 반드시 도를 아는 것은 아니며 어찌 일절의 선행만 중히 여기어 도학을 가벼이 여기는가."[21]라며 도학의 지와 행의 중요함을 강조한다.

유가에서 말하는 도와 도가에서 말하는 도는 다른 것인가? 인간이 올바름을 지향하는 것은 천리의 온당함인 바, 아마도 율곡은 『순언』으로 유학과 도학의 보완 관계를 말하고자 함이었을 것이다.

---

20) 『栗谷全書』「語錄 上」: '問 道學之名 始於何代耶 先生曰 始於宋朝 道學本在人倫之內 故於人倫盡其理 則是乃道學也.'

21) 『栗谷全書』권7「陳時弊疏」: '夫道學者 必具先行 行善者 未必知道 豈可重一節 而輕道學乎.'

✦ 제1장 ✦
천도조화 天道造化

道生一ᄒᆞ고 一生二ᄒᆞ고 二生三ᄒᆞ고 三生萬物ᄒᆞ니[1]

도가 하나를 낳고 하나가 둘을 낳고 둘이 셋을 낳고 셋이 만물을 낳으니

朱子[2]曰: "'道卽易之太極'[3] '一乃陽之奇, 二乃陰之耦'[4] 三乃奇耦之積, 其

---

1) 『太上老子道德經集解』, 42장이다.

2) 朱子 주희朱熹(1130~1200): 남송의 건염建炎 4년(1130)에 복건로 남검주 우계현에서 태어남. 자는 원회元晦 또는 중회仲晦이며 호는 회암晦庵·회옹晦翁·고정考亭 등임. 14세 때 아버지를 잃은 후 호헌(1088~1262)·유면지(1091~1149)·유자휘(1101~1147) 등 세 분의 가르침을 받았다. 22세 때 스승 이통(李侗, 1093~1163)을 만나 정씨鄭氏의 문인인 나예장羅豫章 계통의 학문을 배우게 되었다. 경학에 정통하여 송학宋學을 대성하였고 그 학을 주자학이라 일컬으며 중국·한국·일본의 학문과 정치 문화에 결정적 영향을 미쳤다. 그의 저술에는 『주자문집』, 『주자어류』 이외의 『주역본의』, 『시집전』, 『사서집주』, 『태극도설해』, 『통서 해』, 『서명해』, 『주역참동계고이』, 『초사집주』 등 수많은 종류가 있다. 시호는 문공文公이다.

3) 송유宋儒 주돈이周敦頤의 『태극도설太極圖說』에 나오는 앞부분의 내용으로, '무극無極이 곧 태극太極이다. 태극에서 음양이 생기고, 음양에서 오행이 생긴다. 오행은 하나의 음양이요, 음양은 하나의 태극이요, 태극은 본래 무극이다. 그리하여 무극의 진眞과 음양오행의 정精이 묘하게 합하고 엉겨서 건도乾道는 남자를 이루고 곤도坤道는 여자를 이루는데, 이렇게 해서 만물의 변화가 끝없이 이루어지게 되는 것이다.'라고 되어 있다.
『주역』 「건괘乾卦」 상사象辭: '天行健 하늘의 운행이 강건하다.' 「곤괘坤卦」 문언文言: '坤道 其順乎 땅의 도는 유순하다.' 양은 1·3·5·7·9의 기수奇數이고, 음은 2·4·6·8·10의 우수耦數인데, 바로 이 하늘의 생수生數와 땅의 성수成數가 서로 어우러져서 일어나는 만물의 온갖 변화를 말한다.
『周易』 「繫辭下」 11장: '易有大極, 是生兩儀, 兩儀生四象, 四象生八卦, 八卦定吉凶.' (역이 태극이 있으니 태극이 양의(음양)를 낳고, 양의가 사상을 낳고 사상이 팔괘를 낳고 팔괘가 길흉을 정한다.)

4) 『周易』 「繫辭 下」 4장: '陽卦多陰, 陰卦多陽, 其故, 何也. 陽卦奇, 陰卦耦, 其德行, 何也. 陽一君二民, 君子之道也. 陰二君而一民, 小人之道也.'

曰, 二生三, '猶所謂二與一爲三也.'[5] 其曰三生萬物, 卽奇耦合而萬物生也."[6]

주자가 말하기를: "도는 『역경』의 태극이니 하나는 곧 양의 기수奇數이며, 둘은 곧 음의 우수耦數이며, 셋은 곧 기수와 우수가 모인 것이다. (도덕경에서) 둘은 셋을 낳는다고 말한 것은 둘이 하나와 더불어 셋이 된다고 말한 것과 같다. (도덕경에서) 셋이 만물을 낳는다고 말한 것은 양의 기수와 음의 우수가 만나서 만물을 낳는 것이다."

天地之間이 其猶橐籥乎ᄂ뎌[7]
천지의 사이는 아마도 풀무나 대롱과 같은 것이다.

---

5) 『莊子』「齊物論」: '天地與我並生, 而萬物與我爲一 旣已爲一矣. 且得有言乎 旣已謂之一矣 且得無言乎. 一與言爲二, 二與一爲三, 自此以往, 巧曆不能得, 而況其凡乎. 故自無適有以至於三, 而況自有適有乎, 無適焉, 因是已.' (천지는 나와 나란히 생겨나고 만물은 나와 하나이다. 이미 하나가 되었다면 또 무슨 말이 있을 수 있겠는가. 그러나 이미 一이라고 말하였다면 또 말이 없을 수 있겠는가. 一과 말이 二가 되고 二와 一은 三이 된다. 이로부터 이후로는 아무리 역법曆法에 뛰어난 사람이라도 계산해낼 수 없을 터인데 하물며 보통 사람이겠는가? 그 때문에 無로부터 有로 나아가도 三이 됨에 이르니 하물며 有로부터 有로 나아감이겠는가? 나아가지 말아야 할 것이니 절대의 是를 따를 뿐이다.)

6) 『太上老子道德眞經集解』의 42장 註: 朱文公曰: "道卽易之太極, 一乃陽之奇, 二乃陰之耦, 三乃奇耦之積, 其曰二生三, 猶所謂二與一爲三也. 其曰三生萬物者, 卽奇耦合而萬物生也. 若直以一爲太極, 則不容復言道生一矣. 此與列子易變而爲一之語正同, 所謂一者, 形變之始耳, 不得爲非數之一也."
『朱熹集』권37「答程泰之大昌」'道生一, 一生二, 二生三, 熹恐此道字卽易之太極, 一乃陽數之奇, 二乃陰數之耦, 三乃奇耦之積, 其曰二生三者, 猶所謂二與一爲三也, 若直以一爲太極, 則不容復言道生一矣. 詳其文勢, 與列子易變而爲一之語正同, 所謂一者, 皆形變之始耳, 不得爲非水之一也.'

7) 『太上老子道德經集解』, 5장이다.

董氏[8]曰: "槖, 鞴也. 籥, 管也. 能受氣鼓風之物, '天地之間,'[9] 二氣往來屈伸, 猶此物之無心, 虛而能受, 應而不藏也."[10]

동사정이 말하길: "탁은 풀무이고, 약은 대롱이다. 공기를 받아들여 바람을 일으키는 물건이다. 천지 사이에 두 기운(음·양)이 왕래하고 굴신하는 것은 오히려 이 물건은 속이 없으니(풀무와 대롱) 비어 있어서 받아들일 수 있고, 응대하지만 간직[含藏]하지 않음과 같다."

虛而不屈호며 動而愈出이니라[11]

속이 텅 비어 있으나 다 써버리지 아니하며 움직일수록 더욱 많은 기운이 나온다.

古本皆釋屈作竭.[12] 無形可見, 而無一物不受形焉. 動而生生, 愈出而愈無窮焉.

朱子曰: "有一物之不受, 則虛而屈矣. 有一物之不應, 是動而不能出矣."[13]

---

8) 董氏는 동사정董思靖이다. 생몰 연대 미상이며 宋代 道士로『太上老子道德經集解』두 권, 상편「道經」37장, 하편「德經」나머지 80장까지 이루어졌다. 또한『道德眞經集解』라고도 한다.

9) 『孟子』,「公孫丑 上」2장: '其爲氣也, 至大至剛. 以直養而無害, 則塞于天地之間.' (호연지기의 속성은 지극히 크고 지극히 강한 것이다. 따라서 곧은 것을 가지고 꾸준히 길러 가면서 해치는 일이 없게 하면, 장차 천지 사이에 가득 차게 될 것이다.)에서 天地之間이 보인다.

10) 『太上老子道德眞經集解』의 5장 註: '槖, 他各切 鞴也. 籥, 音藥 管也. 能受氣鼓風之物也. 天地之間, 二氣往來屈伸, 猶此物之無心, 虛而能受, 應而不藏也.'

11) 『太上老子道德經集解』, 5장이다.

12) 古本을『太上老子道德經集解』에 '陸·河上本皆釋屈作竭'로 모두 屈자를 竭자로 해석했다.

13) 5장의 朱子 註:『朱子語類』권125,「老子書」, "問, 谷神. 曰: 爷只是虛而能受, 神謂無所不應, 它又云:「虛而不屈 動而愈出」有一物之不受, 則虛而屈矣. 有一物之不應, 是動而不能出矣."

고본에는 모두 굴屈 자를 갈竭자로 해석하였다. 형체는 볼 수 없으나 한 가지 물건이라도 형체를 받지 않는 것이 없다. 움직일수록 끊임없이 생성되어서 더욱더 많은 소리와 기운이 표출되어 더욱 무궁하게 되는 것이다.

주자가 말하기를: "한 가지 물물이라도 받아들이지 않은 것이 있으면 텅 비어 있어서 끝이 나지 않으며 한 가지 물건이라도 응대하지 않은 것이 있으면 이것은 움직인다고 해도 표출되지 못한다."

'萬物이 負陰而抱陽ᄒ고'[14] 冲氣以爲和ㅣ니라[15]
만물은 음을 등지고 양을 가슴에 안고 텅 빈 기로 조화[冲和之氣]를 이룬다.

董氏曰: "凡動物之類, 則背止於後, 陰靜之屬也. 口鼻耳目居前陽動之屬也. 植物則背寒向煖, 故曰負陰而抱陽而'冲氣,'[16] 則運乎其間也."
동사정이 말하기를: "일반적으로 동물류는 등이 후면에 자리하니 속이 고요한 무리이고, 이목구비가 앞에 있으니 겉으로 움직이는 무리다. 식물은, 즉 찬 기운을 등지고 따뜻함을 지향한다. 그러므로 음을 등지고 양을 안고 있으며, '충기'는 음양의 사이를 운행한다."

---

14) 『周易本義』序: 萬物之生 負陰而抱陽 莫不有太極 莫不有兩儀.
15) 『太上老子道德經集解』, 42장이다.
16) 冲氣: 冲和之氣, 음과 양이 교정하여 태평한 기운이다.

溫公[17]曰: "萬物莫不以陰陽爲體以冲和爲用."

사마온공이 말하기를: "만물은 음양을 본체로 삼고 충화를 작용으로 삼지 않는 것이 없다."

○ 右第一章. 言天道造化發生人物之矣.

이상은 제1장이다. 천도가 조화를 부려서 사람과 만물을 발생시키는 의의에 대하여 말한 것이다.

---

17) 溫公(1019~1086)은 송나라 사람 池의 次子. 이름은 光. 성은 司馬. 字는 君實. 호는 齊物子. 시호는 文正, 소학에는 文公. 陝州 夏縣 사람. 七세 때 『좌전』을 강講하는 것을 듣고 대지大旨를 알았다고 함. 인종仁宗 보원寶元 2년 20세에 진사進士가 됨. 신종神宗 때 어사중승御史中丞이 되고, 왕안석의 신법新法을 의논하다가 맞지 않아 떠남. 철종哲宗 초 문하시랑門下侍郞이 되고, 상서좌복야尙書左僕射에 배명되어 신법이 백성에게 해가 되는 것을 전부 제거함. 太師溫國公을 贈職 받았음. 저서에 『資治通鑑』, 『獨樂園集』, 『書儀傳家集』 등이 있다.

✦제2장✦
도존道尊·덕귀德貴

道生之ᄒᆞ고 德畜之ᄒᆞ고 物形之ᄒᆞ고 '勢'[1]成之라 是以萬物이 莫不尊道而貴德ᄒᆞᄂᆞ니 道之尊과 德之貴ᄂᆞᆫ 夫莫之爵而常自然이니라[2]

도는 (만물을) 낳고, 덕은 (만물을) 길러주고, 물은 (만물이) 형체를 지니게 하고, 형세가 만물을 완성해 준다. 이 때문에 만물은 도를 높이고, 덕을 존귀하게 여기지 않음이 없으니, 도가 높고, 덕의 존귀함은 명령하지 않아도 항상 자연스럽게 되는 것이다.

道卽天道, 所以生物者也. 德則'道之形體, 乃所謂性'[3]也. 人物非道, 則無

---

1) 『도덕경』, 「帛書本」 51장에는 '勢'가 '器'로 되어 있다. '道生之而德畜之. 物形之而而器成之.' '勢'는 자연의 추세, 환경, 내재적인 힘, 또는 상대되는 힘 등을 의미한다.

2) 『太上老子道德經集解』, 51장이다.

3) 『周易』, 「乾卦」 '건은 양의 덕이고', 「坤卦」 '순은 음의 덕'을 말한 것으로 음양陰陽의 덕을 가리킨다. 『中庸』, 1장의 註: '人物之生, 因各得其所賦之理, 以爲健順五常之德, 所謂性也.' (사람과 만물이 태어날 때 각기 부여받은 이를 얻음으로써 건순 오상의 덕으로 삼으니, 이른바 성이라는 것이다.) 하였다.
朱子는 『대학혹문』에서 하늘이 내려준 이리는 언제 어디서든지 존재하고, 또 이에 대해 예로부터 언급하고 있음을 말하면서 아홉 가지를 예시로 들고 있다. ①상제가 내려준 충(上帝所降之衷), ②모든 백성이 지니고 있는 떳떳함(烝民所秉之彝), ③유자가 말한 천지의 중(劉子所謂天地之中), ④공자가 말한 성과 천도(夫子所謂性與天道), ⑤자사가 말한 천명의 성(子思所謂天命之性), ⑥맹자가 말한 인의의 마음(孟子所謂仁義之心), ⑦정자가 말한 천연적으로 본디 있는 중(程子所謂天然自有之中), ⑧장자가 말한 만물의 근원(張子所謂萬物之一原), ⑨소자가 말한 도의 형체(邵子所謂道之形體)이다.

以資生, 非德, 則無以純理而自養, 故曰道生德畜也. 物之成形, 勢之相因, 皆本於道德, 故道德最爲尊貴也.

　도는 천도이니 천도는 만물을 생성하는 까닭이다. 덕은 곧 도가 형체를 지닌 것이니 이른바 성性인 것이다. 사람과 사물은 도가 아니면 자생할 수 없고 덕이 아니면 이치대로 자양할 수 없으니 그러므로 도가 만물을 낳아주고 덕이 만물을 길러준다고 말하는 것이다. 만물이 형체를 이루고 형세가 서로 기인하는 것은 모두 도와 덕을 근본으로 하는 것이니, 도와 덕을 존귀하게 여기는 것이다.

○ 右第二章. 承上章, 言道德有無對之尊也.
　이상은 제2장이다. 위 장에 이어 도와 덕에 상대할 것이 없는 존귀함을 말한 것이다.

✦제3장✦
도체道體 대지大旨

道常無爲호디 而無不爲니라[1]
도는 무위를 상도로 삼으나 행하지 않는 것이 없다.

'上天之載, 無聲無臭,'[2] 而'萬物之生'[3], 實本於斯, 在人則無思無爲. "寂然不動, 感而遂通天下之'故'[4]也."[5]
하늘의 일은 소리도 없고 냄새도 없으나 만물이 생성하는 것은 진실

---

1) 『太上老子道德經集解』, 37장이다.
2) 『詩經』,「大雅」, 文王之什, 文王篇 : '上天之載 無聲無臭 儀刑文王 萬邦作孚.'
   『中庸』, 33장, 『詩經』,「大雅」, 文王之什, 皇矣篇 : 詩云 '予懷明德, 不大聲以色.' 子曰, "聲色之於以化民, 末也." 詩云, "德輶如毛, 毛猶有倫, 上天之載, 無聲無臭, 至矣." (시경에 이르기를 '나는 밝은 덕이 음성과 얼굴빛을 대단찮게 여김을 생각한다.' 공자께서 말씀하시기를, "음성과 얼굴빛은 백성을 교화시킴에 있어 지엽적인 것이다." 하셨으니『詩經』에 이르기를 '덕은 가볍기가 터럭과 같다. 터럭도 오히려 비교할 만한 것이 있으니, 상천의 일은 소리도 없고 냄새도 없고 지극하다.') 하였다.
3) 『周易』,「乾卦」象 : '大哉乾元, 萬物資始, 乃統天.' (위대하도다, 건원이여. 만물이 이를 힘입어 비롯하나니, 이에 하늘을 통괄하였도다.), 朱子「本義」: '乾元天德之大始, 故萬物之生, 皆資之以爲始也.'
4) 『孟子』,「離婁 下」26장 : 孟子曰, "天下之言性也. 則故而已矣, 故者, 以利爲本."
   朱子 註: "性者, 人物所得以生之理也. 故者, 其已然之跡, 若所謂天下之故者也." (성은 사람과 물건이 얻어서 태어난 바의 理이다. 故는 그 이미 그러한 자취이니 『周易』,「繫辭傳」에 이른바 '天下之故'라는 것과 같은 것이다. 또한 故는 '溫故知新'의 故로 天과의 매개체이다.)
5) 『周易』,「繫辭 上」10장 : '易无思也. 无爲也. 寂然不動, 感而遂通, 天下之故.'

로 여기에 근원을 둔다. 사람에게 있어서는 생각하는 것이 없고 고요하여서 움직이지 않으나 외물에 감응하면 마침내 천하의 이치에 통하게 된다.

○ 右第三章. 亦承上章, 而言道之本體無爲而妙用無不爲, 是一篇之大旨也.
이상은 제3장이다. 또한 위 장에 이어 도의 본체는 무위지만 이 묘용은 행하지 않는 것이 없다는 것을 말하였으니 일편의 대지이다.

제4장[1]
행도 行道

三十輻[2]이 共一轂애 當其無ᄒᆞ야 有車之用ᄒᆞ고
30개의 바큇살이 모두 하나의 바퀴통에 모여 있어 바퀴통이 비어 있어야 수레가 쓸모가 있다.

> 朱子曰: "無, 是轂中空處, 惟其空中, 故能受軸, 而運轉不窮."[3]
> 董氏曰: "謂輻轂相, 湊以爲車, 即其中之虛, 有車之用."
> 주자가 말하기를: "무無는 바퀴통의 가운데가 비어 있는 곳이니 오직 가운데가 비어 있어서 굴대를 받아들일 수 있고 바퀴 축을 받아들여 끝없이 굴러 갈 수 있는 것이다."
> 동사정이 말하기를: "바큇살과 바퀴통이 서로 모여서 수레가 되는 것을 말하니 바퀴통 가운데가 비어 있어 수레가 작용할 수 있는 것이다."

---

1) 『太上老子道德經集解』, 11장 全文이다.
2) '복輻'은 '복福'으로 읽는다. 바큇살이 모여드는 것으로 바큇살이 바퀴통으로 모여들 듯이 많은 것이 한곳으로 모여드는 것을 말하는데 바큇살이 30개라는 숫자는 매월 30일을 의미한다.
3) 『太上老子道德經集解』 11장의 註: 文公曰: "無, 是轂中空處, 惟其空中, 故能受軸, 而運轉不窮, 莊子所謂樞使得其環中以應無窮, 亦此意也." 내용이 『朱子語類』 권125 「老子書」, '某嘗思之, 無是轂中空處 惟其中空, 故能受軸而運戰不窮, 猶傘柄上木管子, 衆骨所會者, 不知名何, 綠管子中空, 又可受傘柄, 而關闔下上. 車之轂, 亦猶是也. 莊子所謂, 樞始得其環中, 以應無窮. 亦此意.'

挺埴[4]以爲器애 當其無ᄒ야 有器之用ᄒ고
진흙을 반죽하여 그릇을 만들 때 그릇의 가운데가 비어 있어야 그릇이 쓸모가 있다.

董氏曰: "挺, 和土也. 埴, 粘土也. 皆陶者之事. 此亦器'中空'[5]無, 然後 可以容物, 爲有用之器." 下意同.
동사정이 말하기를: "연쇄은 흙을 반죽하는 것이고 치식는 흙을 차지게 하는 것이니 모두 도공의 일이다. 이것은 그릇의 가운데가 텅 비게 만든 연후에 물건을 받아들일 수 있게 하여 쓰임이 있는 그릇이 되는 것이다." 다음 구절도 의미가 같다.

鑿[6]戶牖ᄒ야 以爲室애 當其無ᄒ야 有室之用ᄒ니
문과 창을 뚫어 방을 만들 때 방의 가운데가 비어 있어야 방이 쓸모가 있는 것이니

鑿 穿也.
鑿은 '뚫다'의 뜻이다.

---

4) 埏은 和土也. 埴는 粘土也. 모두 흙을 반죽하여 찰지게 하는 것이다.
5) '中空'은 불교 용어로 온갖 사물이 제 모습 없이 텅 빈 상태를 말한다.
6) '착鑿'은 뚫는 것이다.

故有之以爲利오 無之以爲用이니라

그러므로 방이(有) 쓸모가 있는 까닭은 방이(無) 비어 있기 때문이다.

 外有而成形, 中無而受物, 外有譬則身也. 中無譬則心也. 利者, 順適之意, 利, 爲用之器, 用, 爲利之機也. 非身則心無所寓, 而心不虛則理無所容, 君子之心, 必 '虛明'[7] 無物然後, 可以應物, 如轂中不虛, 則爲不運之車, 器中不虛, 則爲無用之器, 室中不虛, 則爲不居之室矣.

 외면이 있어서 형체를 이루고 가운데가 비어 있어서 외물을 받아들이니, 외물이 있다는 것에 비유하면 신체와 같고 속이 비어 있다는 것에 비유하면 마음과 같다. 이롭다는 것은 순리에 알맞게 한다는 것이니 이리는 사용할 수 있는 그릇이며 사용할 수 있는 그릇은 기틀이다. 몸이 아니면 마음이 깃들 곳이 없고 마음이 비어 있지 않으면 이치를 받아들일 곳이 없다.

 군자의 마음은 청아하고 순결하여서 외물이 없어진 뒤에야 그 외물에 응대할 수 있게 되는 것이니 바퀴통의 속이 비어 있지 않으면 굴대를 끼울 수 없고 움직일 수 없는 수레가 되며, 그릇의 가운데가 비어 있지 않으면 사용할 수 없는 그릇이 되며 방이 비어 있지 않으면 살 수 없는 집이 되는 것이다.

---

7) '허명虛明'은 도가에서 쓰는 말로 '마음이 청아하고 순결하여 마음을 비운 연후에 외물에 응대할 수 있다.'는 것으로 유가의 '不遷怒, 不貳過'의 의미이다.

○ 右第四章. 三章以上, 言道體, 此章以後, 始言行道之功, 而以虛心爲先務. 蓋必虛心然後, 可以捨己之私, 受人之善, 而學進行成矣.

이상은 제4장이다. 3장 이상은 도체를 말하였고 이 장 이후는 도를 실행하는 공부를 말하면서 마음을 비워 놓는 것을 급선무로 삼았다. 이것은 반드시 마음을 비운 뒤에야 자신의 사욕을 버릴 수 있으며 다른 사람의 선을 받아들일 수 있어서 학문이 진전이 되어 실천을 행할 수 있다는 말이다.

제5장
알인욕 遏人欲

五色이 令人自盲ᄒ며 五音이 令人耳聾ᄒ며 五味ㅣ 令人口爽ᄒ며[1]
여러 가지 아름다운 색을 탐하면 사람들의 눈을 어둡게 만들며, 여러 가지 아름다운 소리가 지나치면 사람들의 귀를 멀게 하며, 여러 가지 맛있는 음식을 지나치게 탐미하면 사람들의 입맛을 잃게 하며

爽失也. 五色五音五味,[2] 本以養人, 非所以害人, 而多循欲, 而不知節. 故悅色者, 失其正見, 悅音者 失其正聽, 悅味者 失其正味也.

상쾌는 잃는 것이다. 오색·오음·오미는 본래 그것을 가지고 사람을 길러주는 것이지 사람을 해치는 것은 아니다. 그러나 사람들은 지나치게 욕심을 좇으면서 절제할 줄 모른다. 그러므로 오색을 지나치게 즐기는 자는 바른 시각을 잃게 되고, 오음을 지나치게 즐기는 자는 바른 청각을 잃게 되며, 오미를 지나치게 즐기는 자는 바른 미각을 잃게 되는 것이다.

---

1) 『太上老子道德經集解』, 12장이다.
2) 五色은 赤·靑·黃·白·黑이며, 五音은 宮·商·角·徵·羽이며, 五味는 酸(신맛)·苦(쓴맛)·鹹(짠맛)·辛(매운맛)·甘(단맛)이다.

馳騁田獵이 令人心發狂ᄒᆞ며[3]

말을 타고 달리며 사냥을 하는 것은 사람으로 하여금 마음을 미치도록 만들고

董氏曰: "是, 氣也. 而反動其心."[4]

동사정이 말하기를: (말을 달리고 사냥을 하는 것은) 이것은 기가 운용하는 것이지만 도리어 마음을 움직이게 한다.

愚按, 好獵者本是志也. 而及乎馳騁發狂則反使氣動心.

내가 살펴보건대, 사냥을 좋아하는 것은 본래 의지에 있다. 말달리고 사냥하는 것에 마음이 미치도록 발광한다면 도리어 기로 하여금 마음을 움직이게 한 것이다.

難得之貨ㅣ 令人 行妨ᄒᆞᄂᆞ니[5]

얻기 어려운 재화는 사람으로 하여금 선행에 해롭다.

董氏曰: "'妨', 謂傷害也 於善行有所妨也."[6]

동사정이 말하기를: "'방'은 해치는 것을 말하니 얻기 어려운 재화는

---

[3] 『太上老子道德經集解』, 12장이다.

[4] 『孟子』, 「公孫丑 上」: '志壹則動氣, 氣壹則動志也. 今夫蹶者趨者, 是氣也, 而反動其心.'
『太上老子道德經集解』, 12장, 註: '是氣也而反動其心, 雖志之動氣常十九, 然此章所言, 皆由外而惑我者. 故告之制於外以安其內.'

[5] 『太上老子道德經集解』, 12장이다.

[6] 『太上老子道德經集解』, 12장, 註: '行, 去聲. 難得之貨, 皆外物也. 妨, 謂傷害也. 心愛外物, 則於善行有所妨也.'

선행에 있어서 해로운 바가 있는 것이다." 하였다.

是以聖人은 爲腹不爲目이라 故去彼取此ㅣ니라[7]
이 때문에 성인(도가의 성인)은 자신의 배[腹]를 위해서 오성을 지키고 눈을 위하여 함부로 외물을 보는 대로 흐르지 않는다. 그러므로 눈의 망실을 버리고 이 배의 양성을 취하는 것이다.

　　董氏曰: "去, 除去也. 腹者, 有容於內, 而無欲, 目者, 逐見於外, 而誘內,".[8] 蓋前章言虛中之妙用, 故此則戒其不可爲外邪所實也.
　　동사정이 말하기를 : "거去는 제거하는 것이다. 배는 내면에 받아들이는 것이 있어서 욕심이 없고 눈은 외면에 나타나는 것을 좇아서 내면을 유혹한다. 대체로 앞장은 마음이 비었을 때의 묘용을 말하였다." 그러므로 이 장에서는 외면의 바르지 못한 것에 내실을 당해서는 안 된다고 경계하였다.

'滌除玄覽호야'[9] 能無疵乎아[10]
현묘한 이치를 비추어 살펴서 물욕을 깨끗이 씻어서 흠이 없게 할 수 있는가?

---

7) 『太上老子道德經集解』, 12장이다.
8) 『太上老子道德經集解』, 12장, 註: '去, 口擧切, 撒也. 此除去之去, 非去來之去, 腹者有容於內而無欲, 自者逐見於外而誘內.'
9) 滌除玄覽: 깨끗이 씻어 현묘한 이치를 살펴 비추어 보는 것, 玄은 지극한 경지에 이르는 것이다.
10) 『太上老子道德經集解』, 10장이다.

滌除者, 淨洗物欲也. 玄覽者, 照察'妙'[11]理也. 蓋旣去聲色臭味之欲, 則 '心虛境淸'[12]而學識益進, 至於知行並至則無一點之疵矣.

척제滌除라는 것은 물욕을 깨끗이 씻어내는 것이다. 현람은 현묘한 이치를 비추어서 살펴보는 것이다. 이미 성색과 취미의 욕구를 제거하면 마음이 비어 경계가 깨끗하게 된다. 이렇게 되어 공부하면 학식을 더욱 증진하게 된다. 지와 행이 아울러 지극한 경지에 이르게 되면 한 점의 허물도 없게 된다.

愛國治民애 能無爲乎아[13]
백성을 사랑하고 나라를 다스리는 데에 무위의 도로 할 수 있는가?

修己旣至, 則推以治人, 而'無爲'[14]而化矣.
자신을 닦는 공부가 이미 지극하게 되면 그것을 가지고 미루어 나가서 무위를 하여도 감화가 된다.

---

11) 도가에서는 玄 + 少 = 玅를 주로 사용하고 유가에서는 女 + 少 = 妙를 주로 사용한다.

12) 心虛境淸: 마음이 비어 있고 경계가 깨끗한 상태. 율곡은 이러한 상태에서 공부를 하면 학식이 더욱 증진된다고 말하는 것이다.

13) 『太上老子道德經集解』, 10장이다.

14) 『論語』, 「衛靈公 4」: 子曰 "無爲而治者 其舜也與 夫何爲哉. 恭己正南面." 공자가 한 말에 근거를 두어 말한 것이다. 유가의 無爲는 인위적인 것이 없는 조작적인 행위가 없는 것이며, 도가의 無爲는 자연 그대로이다.

'天門'[15] 開闔애 能爲雌乎아[16]
천문을 열고 닫는 데에 암컷처럼 할 수 있는가?

開闔, 是動靜之意, 雌, 是陰靜之意, "此所謂定之以中正仁義而主靜也."[17]
열고 닫는다는 것은 동정을 의미하고 자雌는 음정(차분하고 고요하다)을 의미한다. "이것은 중정과 인의를 가지고 안정하는 것을 말하니 정을 근본으로 한다." 하였다.

明白四達ᄒᆞ되 能無知乎[18]
지극히 밝게 사방으로 통달하게 무지로 할 수 있는가?

董氏曰: "此寂感無邊方也."[19]
동씨가 말하기를: "이 고요하게 감화시키는 것은 변방이 없다는 것이다." 하였다.

愚按, 此言於天下之事, 無所不知, 無所不能, 而未嘗有能知之心, 詩 "所

---

15) 天門은 『荀子』에서 말하는 天官과 같다. 『荀子』, 「天論」: '夫是之謂天情, 耳目鼻口形能, 各有接, 而不相能也. 夫是之謂天官.' (각각 맡은 바의 능력으로 감각기관을 열고 닫을 때 고요히 할 수 있는가?)
16) 『太上老子道德經集解』, 10장이다.
17) 『近思錄』권1, 「道體」: '聖人定之以中正仁義, 而主靜, 立人極焉. 故聖人與天地合其德.'
18) 『太上老子道德經集解』, 10장이다.
19) 『太上老子道德經集解』, 10장, 註: '此寂感無邊方也.'

謂不識不知, 順帝之則者也."[20] 夫如是, 則上下與天地同流參贊化育, 而不自居也. 下文乃申言之.

내가 살펴보건대, 이것은 천하의 일에 대하여 알지 못하는 것이 없고, 잘하지 못하는 것이 없으므로 알려고 하거나 잘하려는 마음을 가진 적이 없는 것을 말하니 『시경』에서 "그 사람 됨이 옛날 도를 알지 못하고 지금의 도리도 모르지만 하늘의 법도를 순응해서 행하네." 이와 같이 하면 윗사람과 아랫사람이 천지와 더불어 행하게 되고 만물을 화육하는 데 참여하고 도와주면서도 스스로 내가 하였다고 하지 않는 것이다. 다음 글은 이 의미를 거듭거듭 말해준 것이다.

生之畜之호되 生而不有ᄒᆞ며 爲而不恃ᄒᆞ며 長而不宰ᄒᆞ니 是謂玄德이니라[21]
천지는 만물을 낳아주고 길러주었으되, 낳았으면서도 자신의 소유로 여기지 않았으며, 운용하여 조화를 행하면서도 자신의 능력을 과시하지 않으며, 만물의 어른이면서도 주재하지 않으시니, 이렇게 하는 것을 현덕이라 말한다.

---

20) 『詩經』, 「大雅」, 文王之什, 皇矣篇: '帝謂文王, 予懷明德, 不大聲以色, 不長夏以革, 不識不知, 順帝之則. 帝謂文王, 詢爾仇方, 同爾兄弟, 以爾鉤援, 與爾臨衝, 以伐崇墉.'
不識: 자신이 노력하여 공부로 하는 것이며, 不知: 공부를 안 하고도 아는 것이다.
21) 『太上老子道德經集解』 51장 본문: '故, 道生之畜之, 長之育之, 成之熟之, 養之覆之, 生而不有, 爲而不恃, 長而不宰, 是謂玄德.'

'天地生物,'[22] 而不有其功, 運用造化, 而不恃其力, 長畜群生, 而無有主宰之心, 聖人之玄德, 亦同於天地而已. 玄德, 至誠淵微之德也.

천지는 만물을 낳아주었으면서도 도를 운용하고 자신의 능력을 과시하지 않았으며 여러 군생(초목금수)을 길러주었으면서도 주재하려는 마음을 갖지 않았으니, 성인의 현묘한 덕도 천지와 같을 따름이다. 현덕이라는 것은 지극히 진실하면서도 은미한 덕이다.

○ 右五章. 此承上章, 而始之以初學遏人欲之功, 終之以參贊天地之盛, 自此以後諸章所論, 皆不出此章之義.

이상은 5장이다. 이 장은 앞의 장에 이어서 초학자들이 인욕을 막는 공부로 시작해서 천지의 조화에 참여하고 돕는 공효功效로 끝을 맺었다. 이 장 이후부터는 모든 장의 논점이 모두 이 장의 의의를 벗어나지 않는다.

---

[22] 『近思錄』 권1, 「道體」: '觀天地生物氣象'(천지가 만물을 내놓는 기상을 관찰한다.)라는 정명도程明道의 말이 실려 있는데, 그 註: 주염계周濂溪, '窓前草不除去, 與自家意思一般'(창 앞의 풀이 무성해도 베지 않으면서 저 풀 역시 내 속의 생각과 같을 것이다.)고 말한 것도 바로 이 뜻이라하였다. 이는 하늘과 땅이 만물을 낳아 기르는 기상을 말한다.

제6장
복기성 復其性

爲學은 日益ᄒ고 爲道는 日損이니 損之又損之ᄒ야 以至於無爲니라[1]
학문을 하는 것은 지식이 날마다 증진되고, 도를 행하는 것은 물욕(이목구비)이 나날이 줄어드니, 물욕을 덜어내고 더욱 덜어내어서 무위의 경지에 이르게 된다.

 學以知言, 道以行言. 知是博之以文, 故欲其日益, 行是'約之以禮.'[2] 故欲其日損. 蓋人性之中, '萬善自足,'[3] 善無加益之理. 只當損去其氣稟物欲之累耳. 損之又損之, 以至於無可損, 則復其'本然之性'矣.
 학은 지를 가지고 말하였고 행은 도를 가지고 말한 것이다. 지는 글을 해박하게 넓히기 때문에 지식은 나날이 증진되기를 바라고, 행은 '예를 가지고 검속하는 것이다.' 그러므로 날마다 물욕이 줄어들기를 바란다. 대개 사람의 본성 가운데 온갖 선이 자연히 충분할 것이니 선에는 더 더해야 할 이치가 없는 것이다. 다만 자신의 기품은 물욕에 얽매인

---

1) 『太上老子道德經集解』, 48장이다.
2) 『論語』, 「雍也 25」: "子曰 君子博學於文, 約之以禮, 亦可以弗畔矣."
3) 『小學集註』, 「小學題辭」 集設: '饒氏曰, 惟, 語辭. 浩浩, 廣大貌. 天, 卽理也. 毫末, 言至微也. 此言聖人無氣稟物欲之累, 天性渾全, 浩浩然廣大, 與天爲一, 不待增加毫末, 而萬善自足, 無少欠缺也.' 모든 선이 스스로 충족하여 조금도 결함이 없음을 말한 것이다.

것을 덜어내어 제거해야 된다. 이렇듯 물욕을 덜어내고 더욱 덜어내어서 덜어낼 만한 것이 없는 경지에 이르게 되면, 자신의 '본연의 성'을 회복하게 된다.

○ 右第六章. 承上章以起下章之義.
　이상은 제6장이다. 위의 장에 이어서 다음 장의 의의를 제기하였다.

제7장
입도성덕 入道成德

治人事天이 莫若嗇이니[1]
사람을 다스리고 하늘을 섬기는 것은 정신을 아끼고 살피는 것만 못하니

董氏曰: "'嗇[2]', 乃嗇省精神, 而有斂藏貞固之意, 學者久於其道, 則'心廣'[3]氣充, 而有以達乎天德之全矣."
동씨가 말하기를: "색嗇은 정신을 아끼고 살펴서 거두어들이고 간직하여서 마음이 곧고 굳세다는 뜻이다. 배우는 사람이 오랫동안 그 도에 종사를 하면 마음이 넓고 기운이 충만하여서 온전한 천덕天德에 이를 수 있다."

愚按, 事天是自治也.
내가 살펴보건대, 하늘을 섬긴다는 것은 자신을 다스리는 것이다.

---

1) 『太上老子道德經集解』, 59장이다.
2) '嗇'을 율곡은 동사정의 주를 받아들여 '아끼다, 거둬들이다[愛惜收斂]'로 해석하여 색은 정신과 몸을 아끼어 거두어들인다는 의미로 보았으며, 왕필 註에 따르면 '색은 農也. 夫農 人之治田이라 하여 농부가 전지를 가꾸는 것으로 보아야 한다.'고 주장하였다. 林希逸은 '남김이 있고 다 쓰지 않는다. [有餘不盡用之意]'로 해석하였다.
3) 『大學』, 「誠意章」: '富潤屋, 德潤身, 心廣體胖. 故君子必誠其意.'

孟子曰: "存其心養其性, 所以事天也."⁴⁾ 言自治治人, 皆當以'嗇'⁵⁾爲道, 嗇是愛惜'收斂'⁶⁾之意, 以自治言, 則防'嗜慾'⁷⁾養精神, '愼言語節飮食'⁸⁾, '居敬行簡'⁹⁾之類, 是嗇也. 以治人言, 則謹法度, 簡號令, 省'繁科'¹⁰⁾去浮費, '敬事愛人'¹¹⁾之類, 是嗇也.

맹자께서 말씀하시기를: "자신의 마음을 보전하고 본성을 기르는 것은 하늘을 섬기는 방법이다."라고 하였다. 자신이 다스려지고 다른 사람을 다스리라고 말한 것은 모두 아끼는 것을 도로 삼아야 한다는 말이다. (율곡의 말에 의하면) 색은 아끼고 거두어들인다는 뜻이니, 자신을 다스리는 것을 가지고서 말한다면[자치自治] 기욕을 막고, 정신을 기르며 언

---

4) 『孟子』,「盡心 上」1장: 孟子曰, "盡其心者, 知其性也. 知其性, 則知天矣. 存其心, 養其性, 所以事天也. 妖壽不貳, 修身以俟之, 所以立命也." 存은 잡고 놓지 않음이요[謂操而不舍], 養은 순히 하고 해치지 않음이며[謂順而不害], 事는 섬김에 받들고 어기지 않음이다[則奉承而不僞也].

5) 율곡이 말하는 嗇은 '嗇夫'로 인색한 사람을 말할 때처럼 '아끼는 것'을 말한다.

6) 『大學或問』經 1장: 敬을 어떻게 공부해야 하는지 묻는 주희의 대답, "정자는 '主一無適'과 '整齊嚴肅'으로 말하였고 그 門人 사씨謝氏의 설에 이르러서는 또 이른바 '항상 마음을 일깨우는 법[常惺惺法]'이라고 하였고, 윤씨尹氏의 설은 또 이른바 '마음을 수렴하여 한 사물도 용납하지 않는 其心收斂 不容一物者焉.'라고 하였다.

7) 『論語』,「公冶長 10」: '子曰, 吾未見剛者, 或對曰, 申棖. 子曰, 棖也, 慾, 焉得剛.' 『莊子』,「大宗師」: '기嗜欲深者, 其天機淺.'고 하였다.

8) 『周易』,「上經·27 山雷頤卦」: 象曰, "山下有雷頤, 君子以, 愼言語, 節飮食."
『近思錄』,「存養」4장: '愼言語以養其德, 節飮食以養其體, 事之至近, 而所繫至大者, 莫過於言語飮食也,' (말을 조심스럽게 하여 덕을 기르고, 음식을 알맞게 조절하여 몸을 기른다. 지극히 비근한 일이면서도 삶과 가장 관계가 큰 것은 언어와 음식보다 더한 것이 없다.)

9) 『論語』,「雍也 1장」: 仲弓曰: "居敬而行簡, 以臨其民, 不亦可乎? 居簡而行簡, 無乃大簡乎?" 子曰: "雍之言然." 이것은 "居敬 즉 主一無適이다."

10) '번과繁科'는 '많은 세금'을 말한다.

11) 『論語』,「學而篇 5」: "子曰: 道千乘之國, 敬事而信, 節用而愛人, 使民以時."

어를 삼가하며 음식을 절제하여 마음을 경에 두고 일을 대범하게 하는 것들이 바로 색이다.

다른 사람을 다스리는 것을 가지고 말한다면[치인治人] 법도를 잘 지키고 호령을 간편하게 내리며 많은 세금을 적게 하고 쓸데없는 소비를 제거하며 일에 집중하고 백성을 사랑하는 것이 바로 색이다.

夫惟嗇이면 是謂早復이오 早復이면 謂之重積德이니[12]
무릇 아끼고 거두어들이게 되면 일찍 도를 회복하는 방법이다. 일찍 도를 회복하면 거듭 덕을 쌓는다고 말하는 것이다.

董氏曰: "重再也."
동씨가 말하기를: "중중은 거듭하는 것이다."
朱子曰: "早復者, 言能嗇則'不遠而復,'[13] 重積德者, 言先己有所積, 復養以嗇, 是又加積之也."[14]
주자가 말하기를: 일찍 도를 회복한다고 말하는 것은, 거두어 살필 수 있으면 머지않아서 도를 회복할 수 있다고 말하는 것이다. 거듭 덕을 쌓는 것은 이것을 말한다. 먼저 자신에게 쌓은 덕이 있고 다시 정신을

---

12) 『太上老子道德經集解』, 59장이다.
13) 『周易』,「復卦」, 初九爻: '不遠復, 無祗(抵)悔, 元吉.' 傳曰: "陽, 君子之道, 故復爲反善之義. 初, 復之最善者也. 是不遠而復也." 『心經附註』,「不遠復章」: 復之初九曰: "不遠復, 無祗(抵)悔, 元吉." 子曰: "顔氏之子其殆庶幾乎. 有不善 未嘗不知, 知之, 未嘗復行也." 『近思錄』,「克己」: "陽往爲剝, 陽來爲復 復卦乃善之返 初爻乃復之先 過而先復. 是不遠而復也." 復은 선으로 돌아간다는 의미이다.
14) 『太上老子道德經集解』, 59장 註: "文公曰, 早復者, 言能嗇則不遠而復. 重積德者, 言先己有所積. 得養以嗇. 是又加積之也. 如修養者早覺未損失而使嗇之也."

거두어 살펴서 기를 수 있으면 이것은 더욱더 덕을 쌓는 것이다.

愚按, 人性本善, 是先己有所積也.

내가 살펴보건대, 사람의 본성이 원래 선한 것은 먼저 자신이 덕을 쌓은 것이 있는 것이다.

重積德이면 則無不克하고 無不克이면 則莫知其極이니 莫知其極이면 可以長久ㅣ니라[15]

거듭 덕을 쌓으면 이기지 못하는 것이 없고, 이기지 못하는 것이 없으면 그 지극한 경지를 알지 못하게 된다. 그 지극한 경지를 알지 못하게 되면 장구(장생하여 장구)할 수 있다.

不遠而復, 則己私無不克矣. "克己復禮, 則天下歸仁,"[16] 其德豈有限量哉. 德無限量, 至於博厚高明, 則是悠久無疆之道也.

머지않아서 도를 회복하게 되면 자신의 사욕을 이기지 못하는 것이 없게 된다. 자신의 사욕을 극복하고 예로 돌아가면 천하 사람들이 그의 인을 허여하게 되니 그 덕이 어찌 한량한 것이 있겠는가? 너무 한량하여 덕이 한량하는 것이 없어서 넓고 두텁고 높고 밝은 경지에 이르게 되면 바로 유구하게 되어 무궁한 도가 된다.

---

15) 『太上老子道德經集解』, 59장이다.

16) 『論語』, 「顔淵 1장」: 顔淵 問仁, 子曰: "克己復禮, 爲仁. 一日克己復禮, 天下歸仁焉. 爲仁由己, 而由人乎哉." 仁者는 本心之全德, 克은 勝也, 己는 謂身之私欲也, 復은 反也, 禮者는 天理之節文也.

○ 右第七章. 言入道成德, 以嗇爲功, 是損之之謂也. 此下五章皆申言此章之義.

이상은 제7장이다. 도에 들어가고 덕을 완성하는 것은 정신을 살피어 거두어들이는 것이며 이를 공부로 삼았으니 이것은 바로 덜어내는 것을 말하는 것이다. 이 장 아래에 다섯 장이 모두 이 장의 의미를 거듭 말한다.

제8장
포일위천하식 抱一 爲天下式

少則得이오 多則惑이라[1]
적으면 얻게 되고, 많으면 미혹된다.

  董氏曰: "道一而已, 得一 則無不得矣. 凡事多端則惑."
  동씨가 말하기를: "도는 하나의 이치이니, 자신이 하나의 이치를 깨우치게 되면 깨우치지 못하는 것이 없게 된다. 많이 배웠으나 하나의 이치를 쓰게 되면 미혹되게 된다." 하였다.

'跂'[2] 者不立ᄒ며 跨者不行ᄒᄂ니[3]
발돋움(까치발)하여 서 있는 사람은 오래 서지 못하고, 보폭을 크게 하여 걷는 사람은 멀리 가지 못하는 것이니

---

1) 『太上老子道德經集解』, 22장이다.
 『太上老子道德經集解』, 22장 註: 少則得 '道一而已. 得一則無不得矣. 故於至約之中, 而是體之全. 是用之妙, 罔不具焉.' 多得惑 '凡事多端則惑.'

2) 『太上老子道德經集解』, 24장 註: 跂去智切, 與企同. 跨其兩端也. 跂는 '去'와 '智'의 반절로 企와 같다. '跨'란 양 끝단을 걸치게 하는 것이다. ○溫公曰: "違性之常, 而心有所屬. 故不能兩存." 사마온공이 말하기를: (성품의 떳떳함을 어기고 마음을 따르는 것이 있으니 그러므로 양쪽으로 보존할 수 없다.)고 하였다.

3) 『太上老子道德經集解』, 24장이다.

50 율곡의 노자 『도덕경』 해석

跂則不能立, 跨則不能行, 疑惑於兩端, 而不能主一者也.

발돋움하여 서 있으면 오래 서 있지 못하고, 보폭을 크게 하여 걸으면 멀리 가지 못하니, 양단(두 가지 방법)에 의혹되면 한 가지 방법도 주장할 수 없게 된다.

是以聖人은 '抱一ᄒ야'[4] 爲天下式이니라[5]
이 때문에 성인은 하나의 이치를 지켜서 천하의 모범이 되는 것이다.

董氏曰: "隨時趨變以道, 而在乎以謙約爲主. 抱一則全體是道也."
동씨가 말하기를: "도를 가지고 때에 따라서 변화를 좇되 겸손 단속을 위주로 하는 데 두어야 하니 하나의 이치를 지키게 되면 만물의 전체가 도가 된다." 하였다.

不自見故明ᄒ며 不自是故彰ᄒ며 不自伐故有功ᄒ며 不自矜故長이니 夫唯不爭이라 故天下ㅣ 莫能與之爭이니라[6]
자신을 드러내지 않기 때문에 도에 밝으며, 자신만이 옳다고 하지 않기

---

4) 현재 『도덕경』 통상 본에는 '抱一'로 되어 있으며 『도덕경』 하상공 주·왕필 주, 『순언』에도 抱一로 되어 있다. 이는 『도덕경』 10장에 '載營魄抱一'의 '늘 머무는 곳에 살면서 하나를 끌어안는 것'으로 해석하고 있다. 帛書本에는 '聖人執一 爲天下牧'로 되어 있어 지향점이 다르다고 할 수 있다. 『文子』, 『荀子』, 『韓非子』 등 주로 法家의 맥락에서 쓰이며 '執道' '도를 잡는다'는 뜻으로 하고 있다.

5) 『太上老子道德經集解』, 22장이다.

6) 『太上老子道德經集解』, 22장이다. 『太上老子道德經集解』, 22장 註: '見, 形甸切. 顯也. 此敎學者, 養德之方也. 蓋抱一則無我, 若更見自足, 自伐自矜, 則是我見未忘, 又烏可以言一哉? 惟至於無我之地 則自然光明盛大, 愈久愈新, 心法雙融, 人我俱泯 何爭之有?'

때문에 덕이 드러나며, 자신을 자랑하지 않기 때문에 공적이 있으며, 자신을 뽐내지 않기 때문에 장구할 수 있는 것이다. 이렇게 공적을 다투지 않기 때문에 천하 사람들이 공적을 다투지 않는 것이다.

董氏曰: "見顯也. 此養德之方也. 蓋抱一則無我. 若更炙見自是, 自伐自矜, 則是我見未忘, 烏可以言一哉? 惟無我則光明盛大, 愈久愈新何爭之有!"

동사정이 말하기를: "견견은 드러내는 것이니 이 장은 덕을 기르는 방법이다. 대개 하나의 이치를 지키면 자신을 사사로이 하는 것이 없는 것이니 만약 다시 자신을 드러내고, 자신만을 옳다고 하고, 자신의 공적을 자랑하고, 자신을 뽐내게 되면 즉 자신을 드러내는 것을 끝내 잊지 못하는 것이니, 어떻게 하나의 이치를 말할 수 있겠는가? 오직 자신을 사사로이 하는 것이 없게 되면 광명하고 성대하여 오래되면 될수록 더욱 새롭게 될 수 있으니 어찌 공적을 다툴 것이 있겠는가!" 하였다.

愚按, 書曰: "汝惟不矜, 天下莫與汝 爭能 汝惟不伐 天下莫與汝 爭功."[7] 卽此意也.

내가 살펴보건대, 『서경』에 말하기를: "네가 자랑하지 않아도 천하에 너와 더불어 능함을 다툴 사람이 없으며, 네가 자랑하지 않아도 천하에 너와 더불어 공적을 다툴 사람이 없다." 하였으니 즉 이것을 뜻하는 것이다.

---

[7] 『書經』,「虞書 大禹謨」14장: 帝曰: 來. 禹, 洚水儆予, 成允成功, 惟汝賢, 克勤于邦, 克儉于家, 不自滿假, 惟汝賢. '汝惟不矜, 天下莫與汝爭能, 汝惟不伐. 天下莫與汝爭功.' 予懋乃德, 嘉乃丕績, 天之曆數, 在女躬. 汝終陟元后.

自見者不明ᄒ며 自是者不彰ᄒ며 自伐者無功ᄒ며 自矜者不長이니 其於道也애 曰餘食贅行이라 物或惡之ᄅ새 故有道者不處ㅣ니라[8]

자신을 드러내는 사람은 도에 밝지 못하며, 자신만이 옳다고 하는 사람은 덕이 뚜렷하게 드러나지 못하며, 자신을 자랑하는 사람은 공적을 소유하지 못하며, 자신을 과시하는 사람은 장구하지 못하니, 그들은 도에 있어서 남는 음식이며 쓸데없는(혹과 같은) 행동이라 하니, 사람들이 혹여 그러함을 싫어한다. 그러므로 도를 지닌 사람은 그곳에 처하지 않는다.

溫公曰: "是皆外競, 而內亾者也, 如棄餘之食, 坿餘之形, 適使人惡."

사마온공이 말하기를: "이것은 모두 외물에서 다투어 내면을 잃어버리는 자들이니 이것은 음식에 버려지는 찌꺼기나 군더더기 혹과 같아서 단지 사람들로 하여금 싫어함을 받게 될 따름이다." 하였다.

董氏曰: "'有道者,'[9] 足於內, 而不矜於外也."

동사정이 말하기를: "도를 아끼는 자는 내면을 만족하게 하고 외면에서 자랑하지 않는다." 하였다.

○ 右第八章.
이상은 제8장이다.

---

8) 『太上老子道德經集解』, 24장이다.
9) 『太上老子道德經集解』, 24장, 註: '右第二十四章 河上名苦恩此章. 謂主一者, 足於內, 而不矜於外也.' 즉 '有道者'는 '主一者'를 말함이다.

제9장[1]
지知·명明

知人者 智는 自知者 明이오

남을 알아보는 사람은 지혜롭고, 자신을 아는 사람은 현명하다.

'知人'[2]之善惡, 固智矣. 自知之知, 爲尤明, 明者, 智之實也.

남의 선악을 알아보는 것은 진실로 지혜로운 사람이다. 자신을 알아보는 지혜는 더욱 현명한 것이니 현명함은 지혜의 열매인 것이다.

勝人者는 有力ᄒᆞ고 自勝者는 '強'이니[3]

다른 사람을 이기는 사람은 힘이 있고, 자신을 이기는 사람은 굳건한 것이니

勝人者 血氣之力也 自勝者 義理之勇也 克己復禮 則不屈於人欲 而強莫加焉.

---

1) 『太上老子道德經集解』, 33장의 全文이다.
2) 『孟子』,「公孫丑 上」6장: '是非之心 知(智)之端也.' 『中庸』, 6장: 子曰: 舜, 其大知(智)也與.
3) '강强'이 『太上老子道德經集解』에는 '彊'으로 되어 있다.
  『中庸』, 10장: '子路問強'…'君子, 和而不流, 強哉矯. 中立而不倚, 強哉矯. 國有道, 不變塞焉, 強哉矯. 國無道, 至死不變 強哉矯.'

남을 이기는 것은 혈기의 힘이고, 자신을 이기는 것은 의리의 용기이다. 자신의 사욕을 극복하고 예로 돌아가게 되면 인욕에 굽히지 않아 그 굳건함에는 덧붙일 것이 없게 된다.

知足者는 富ᄒ고
만족을 아는 자는 넉넉하고

自知旣明, 無求於外而常足, 則富莫加焉. '顏淵簞瓢陋巷,'[4] '孔子曲肱飮水,'[5] 而其樂自如, 擧天下之物, 無以易其所樂, 則豈非至富乎? 彼牽於物欲, 而有求於外者, 則心常不足, 雖富有天下, 猶非富也.

지혜로써 스스로 이미 현명하니 외면에서 추구하는 것이 없어도 항상 만족하면, 그 넉넉함에는 덧붙일 것이 없다. '안연은 한 그릇의 밥과 표주박의 물을 마시면서 누추한 빈민가에 살았으며' '공자는 팔베개를 베고 물을 마셨지만' 그 즐거움은 여전하였으니 천하의 어느 것도 자신들이 즐기는 것과 바꿀 수 없다면 어찌 넉넉한 것이 아니겠는가? 저 물욕에 이끌려 외면에서 구하는 것이 있게 되어 마음이 항상 부족하면 비록 천하를 소유하는 부를 가졌다 하여도 오히려 부유하다고 여기지 않을 것이다.

---

4) 『論語』, 「雍也 2」: 哀公, 問, "弟子孰爲好學." 孔子對曰: "有顏回者好學, 不遷怒, 不貳過, 不幸短命死矣. 今也則亡(無), 未聞好學者也."「雍也」, 5장: "三月不違仁,"「雍也」, 9장: "一簞食, 一瓢飮, 在陋巷, 人不堪其憂. 回也不改其樂, 賢哉. 回也."

5) 『論語』, 「述而 15」: 子曰: "飯疏食飮水, 曲肱而枕之, 樂亦在其中矣, 不義而富且貴, 於我, 如浮雲."

'強行者'[6]는 有志하고
실천을 힘쓰는 자는 뜻이 있고

董氏曰: "惟自勝, 故志於道, 而 '自強不息,'[7] 則物莫奪其志, 而與天同健矣."
동사정이 말하기를: "자신의 사심을 이기기 때문에 도에 뜻을 두어서 '스스로 노력하여 중단하지 않으니' 외물이 그의 뜻을 빼앗지 못해서 하늘과 더불어 똑같이 강건하게 되는 것이다." 하였다.

不失其所者는 久하고
자신이 있어야 할 자리에 있으면 장구하고

董氏曰: "知道而能行, 則自得其所而居安矣."[8]
동사정이 말하기를: "도를 알아서 실천할 수 있으면 스스로 자신이 있을 곳을 알아서 편안하게 있게 된다." 하였다.

愚按, 知之明, 而守之固, 則索位, 而行無願乎外, 無入而不自得焉. 此乃不失其所也, 是悠久之道也.
내가 살펴보기를, "아는 것이 분명하고 지키는 것이 견고하면 즉 본

---

6) 『道德經』, 33장, 왕필본에는 '强行者 有志.' (힘써 행하는 사람은 뜻이 있다.)고 하였다.
7) 『周易』, 「乾卦 象傳」: '天行健, 君子以, 自強不息.' (하늘의 운행이 굳세니, 군자가 이것을 보고서 스스로 강하게 하여 쉬지 않는다.) 『易經』, 「隨卦」: 嚮嚮은 향향과 같은 뜻으로, 향회嚮誨는 향만嚮晚, 즉 날이 저물어간다는 의미이다. 연식宴息은 바로 휴식이라는 뜻이다. 이 구절은 군자가 수괘隨卦가 가지고 있는 상을 보고 모든 일은 적절한 때에 따라야 한다는 도리를 깨달아, 아침 일찍 나와 일하고 밤에는 집에 들어가 휴식해야 한다는 점을 강조하고 있다.
8) 『太上老子道德經集解』33장, 註: '所, 猶艮卦止其所之所. 惟知道而能行, 則自得其所, 而居安矣. 故雖物變無窮, 而心未嘗失 乃無日而不自得, 所以久也.'

래 지위에 맞게 행하여 밖에 바라는 것이 없으면 어디에 들어간다고 해도 스스로 만족하지 않는 것이 없게 된다. 이것이 바로 자신이 있어야 할 자리를 잃지 않는 것이고 이것이 바로 유구할 수 있는 방도이다.

死而不亡者는 壽ㅣ니라
죽어도 이름이 없어지지 않는 사람은 장수하는 것이다.

孔顔旣歿 數千載而耿光如日月豈非壽乎!
공자와 안자는 이미 돌아가신 지가 수천 년 되었지만 밝은 빛이 일월처럼 밝으니 어찌 장수하는 것이 아니겠느냐!

○ 右第九章.
이상은 제9장이다.

✦ 제10장[1] ✦
지족지지 知足知止

名與身이 孰親고? 身與貨ㅣ 孰'多'[2]오?
명예와 자신의 몸은 어느 것이 절실한 것인가?
자신의 몸과 재화 가운데 어느 것이 소중한 것인가?

'名者, 實之賓,'[3] 於身 爲外物也. 身一而已, 貨財則衆多, 若棄身而循名與物, 則捨親而從賓, 役一而求多, 惑莫甚焉.

'명예는 실제의 손님이니' 자신의 몸에 있어서는 외물이 된다. 몸은 하나일 뿐이고 재화는 많은 것이니 만약 자신의 몸을 버리고 명예나 재물을 좇는다면 이것은 소중한(지친至親) 것을 버리고 손님을 따르는 것이며 하나인 내 몸을 부려서 많은 재물을 추구하는 것과 같으니 미혹함이 그보다 심한 것이 없다.

得與亡이 孰病고?
명예를 얻고 자신의 몸을 잃는 것 가운데 어느 것이 병이 되는가?

---

1) 『太上老子道德經集解』, 44장의 全文이다.
2) 多: 소중하다, 귀중하다는 뜻이다.
3) 『莊子』,「逍遙遊」: '名者, 實之賓也, 吾將爲賓乎?' (명예란 실제에 대해서는 손님이라고 할 것인데, 나보고 장차 손님이 되라고 하는 말인가?)

得名與貨, 則身必亡, 是乃亡也. 得身, 則雖亡名與貨, 而不害乎爲得也. 然則得身與亡身, 孰爲病乎?

명예와 재화를 얻으면 자신의 몸을 반드시 잃게 될 것이니 이것이 바로 잃는 것이다. 자신의 몸을 얻으면 비록 명예오- 재화는 잃을지라도 얻는 일을 하는데 해롭지는 않을 것이다. 그렇다면 자신의 몸을 얻는 것과 자신의 몸을 잃는 것 가운데 어느 것이 병이 되겠는가?

是故로 甚愛면 必大費ㅎ며 多藏이면 必厚亡ㅎㄴ니

그러므로 매우 아끼게 되면 반드시 크게 소비하게 되고 많이 갈무리하면 반드시 잃게 되는 것이니

愛名者, 必損實, 是大費也. 藏財者, 必失身, 是厚亡也.

명예를 아끼는 사람은 반드시 실속을 손상하게 되니 이것은 크게 허비하는 것이고 재물을 많이 간직하는 자는 반드시 자신의 몸을 잃게 되니 이것은 많이 잃는 것이다.

知足이면 不辱이오 知止면 不殆라 可以長久ㅣ니라
만족할 줄 알면 욕되지 않고 그칠 줄을 알면 우태롭지 않으니 이것이 장구할 수 있는 것이다.

董氏曰: "惟審於內外之分, 則知止知足, 而無得失之患. 故能安於性命之

常, 亦何殆辱之有? 所以可長久也."⁴⁾

동사정이 말하기를: "내외의 구분을 잘 살펴서 알게 되면 그칠 줄 알고 만족할 줄 알아 잘못되는 근심이 없게 된다. 그러므로 성명性命의 상도常道에 편안히 할 수 있으니 어찌 위태하거나 욕되는 것이 있겠는가? 이것이 바로 장구할 수 있는 까닭이다."

○ 右第十章.
　이상은 제10장이다.

---

4) 『太上老子道德經集解』, 44장, 註: '惟審於內外之分, 則知止知足, 而無得失之患, 故能安於性命之常, 亦何殆辱之有, 所以可長久也. 漢之二疏, 曾事斯語.'

✦ 제11장[1] ✦
수렴방심 收斂放心 양기지 養其知

不出戶ㅣ라도 知天下ᄒ며 不窺牖ㅣ라도 見天道ㅣ니

방문을 나서지 않아도 천하를 알며, 창문으로 엿보지 않아도 천도를 아는 것이니

'萬物皆備於我,'[2] 豈待他求哉? '求其放心,'[3] 則可以見道矣.
程子[4]所謂, '自能尋向上去, 下學而上達者,'[5] 是也.

'만물의 이치가 모두 내 몸에 구비되어 있으니' 어찌 다른 곳에서 찾을

---

1) 『太上老子道德經集解』, 47장의 全文이다.
2) 『孟子』,「盡心章 上」 4장: 孟子曰: "萬物, 皆備於我矣."
3) 『孟子』,「告子章 上」 11장: '學問之道, 無他. 求其放心而已矣.'
4) 정자는 정호·정이 두 형제이다. 정호程顥(1032~1085), 자는 백순伯淳이며 호는 명도明道이다. 동생 정이와 낙양에서 살았으며 성격이 호탕하였다고 한다. 정이程頤(1033~1107) 자는 정숙正叔이며 호는 이천伊川이다. 정호에 비하여 엄격하였다고 한다. 그의 전기는 『송사』 권427, 「道學傳」에 보이며 저서는 『易傳』, 『春秋傳』, 『伊川文集』, 『語錄』, 『二程遺書』, 『二程外書』 등이 있다. 그의 거경궁리설居敬窮理說과 『易傳』의 사상은 주희에게 큰 영향을 미쳤다.
5) 『孟子』「告子 上」, 11장, 朱子 註: 程子曰, "聖賢千言萬語, 只是欲人將已放之心約之, 使反復入身來, 自能尋向上去, 下學而上達也."
『論語』,「憲問 37」: 子貢曰: 何爲其莫知子也. 子曰: "不怨天, 不尤人, 下學而上達. 知我者, 其天乎."
이에 程子의 주석으로 "不怨天 不尤人 … " "又曰, 學子須守下學上達之語, 乃學之要. 蓋凡, 下學人事, 便是上達天理, … 則亦不能以上達矣."이다. 그런데 "又曰 … 亦不能以上達矣.": 壺山은 '乃學之要 이전은 明道의 말씀이고 그 뒤는 伊川의 말씀이라 하였으니' 이는 이천의 말씀이다.

필요가 있겠는가? "잃어버린 마음을 찾는다면" 도를 알 수 있는 것이다.

정자가 말한 "자연히 그곳을 찾아갈 수 있는 것이니 아래로 인사를 배워 위로 천리에 통달하게 된다."는 말이 이것이다.

其出이 彌遠이면 其知彌少하느니
밖으로 나아감이 멀어질수록 아는 것은 적어지니

> 溫公曰: "迷本逐末也."
> 사마온공이 말하기를: "근본을 알지 못하고 말단을 좇는 것이다."
> 愚按, 心放而愈遠, 則知道愈難矣.
> 내가 살펴보건대, 마음을 잃어버려서 멀어지면 멀어질수록 도를 알기는 더욱 어려워진다.

是以聖人은 不行而知하며 不見而名하며 不爲而成이니라
이 때문에 성인은 가지 않아도 알며 보지 않아도 분명하게[名] 알며 행하지 않아도 이루는 것이다.

> 此言聖人淸明在窮, 而義理昭徹, 乃 '自誠而明'[6]之事也 .學者不可遽跂於

---

6) 『中庸』 21장: '自誠明, 謂之性. 自明性, 謂之敎. 誠則明矣. 明則誠矣.' 진실한 성을 말하고자 함이다.

此, 但當收斂放心, 以 '養其知'[7], 而勉其所行也.

이 말은 성인은 청명을 몸에 지니고 있고 의리가 밝고 투철하니 바로 진실함에 말미암아 분명하게 아는 것이다. 배우는 사람들은 서둘러서 이러한 경지에 발돋움하려고 하면 안 되니 잃어버린 마음을 거두어 자신의 지식을 기르고 자신이 실천할 바에 힘써야 한다.

○ 右第十一章.
이상은 제11장이다.

---

7) 『莊子』, 「大宗師」 1장: '知人之所爲者는 以其知之所知로 以養其知之所不知하야 終其天年하야 而不中道夭者 是는 知之盛也.' (자연이 운행하는 이치를 아는 사람은 자연의 도를 따라 살고, 사람이 해야 할 바를 아는 사람은 자기의 지식으로 알고 있는 것을 가지고 자기의 지식으로 알지 못하는 것을 길러서 天壽를 다 마쳐 중도에 夭折하지 않으니 이런 사람은 知가 성대한 사람이다.)

제12장[1]
수도극기 守道克己

天下有道ㅣ면 却走馬以糞ㅎ고 天下無道ㅣ면 戎馬ㅣ 生於郊ㅎ느니
천하에 도가 있으면 잘 달리는 말을 물리쳐 밭을 갈게 하고, 천하에 도가 없으면 군마가 전쟁터에서 새끼를 낳는다.

董氏曰: "糞, '治田疇'[2]也. 戎馬, 戰馬也. 郊者, 二國之境也. 以內言之, '心君'[3]泰然, 則郊返氣馬, 以培其本根, 反是則, 氣馬馳於外境矣."
동사정이 말하기를: "분糞은 '경작지를 가꾸는 것' 융마戎馬는 전쟁하는 말이다. 교郊란 두 나라의 경계(접경지대)이다. 마음으로써 말하여 '마음[心君]'이 태연하면 기운이 좋은 말을 물리쳐 되돌려서 농사를 가꾸게 할 수 있으나 이것이 반대가 되면 기운이 좋은 말이 국경 밖의 전쟁터로 달려가게 된다."

---

1) 『太上老子道德經集解』, 46장의 全文이다.
2) 『孟子』「盡心 上」23장: '易其田疇 薄其稅斂 民可使富也.' 주疇는 '耕治之田也'라고 하였으니 현재 경작하는 밭을 말한다.
3) 『농암집』, 권10: '論志帥心君一段曰. 志帥. 是孟子之言. 心君. 是荀卿之言. 心是全體. 志卽心之所之. 此所以有君與帥之別. 大要皆是主張之意'('뜻은 장수이고 마음은 임금이다[志帥心君]'라는 한 단락에 대해 논하기를, '뜻은 장수이다'는 맹자(孟子)의 말이고, '마음은 임금이다'는 순경(荀卿)의 말입니다. 마음은 전체이고 뜻은 마음이 가는 바이니, 이 때문에 임금과 장수의 차이가 있는 것인데, 대체적으로 모두 주관한다는 뜻입니다.) 하였다. 그러므로 心君: 마음을 말한다.

'禍莫大於不知足이오 咎莫大於欲得이니'[4]
재앙은 만족을 아는 것보다 더 큰 것이 없고, 허물은 욕심을 내는 것보다 더 큰 것이 없다.

董氏曰: "求其根本, 原於縱欲."[5]
동사정이 말하기를: "그 근본을 탐구하면 욕심과 방종에 기원하는 것이다."

故知足之足은 '常足矣니라'[6]
그러므로 만족할 줄 아는 만족은 '항상 만족하는 것이다.'

無求於外, 則內德無欠, 故應用無窮, 而常足矣.
밖에서 찾는 것이 없으면 내면의 덕이 부족함이 없게 된다. 그러므로 (사물)응용하는 것이 없어도 항상 만족한다.

○ 右第十二章. 以上五章, 言守道克己, 不自矜伐, 常知上止足之義, 皆推演嗇字之義也.
이상은 제12장이다. 이상 위의 다섯 장은 도를 지키고 자신의 사욕을 극복하면 스스로 자랑하거나 우쭐되지 않으며 항상 지키고 만족할 줄

---

4) 『太上老子道德經集解』 46장에는 '罪莫大於可欲, 禍莫大於不知足 咎莫大於欲得.'으로 되어 있다.
5) 『太上老子道德經集解』 46장, 註: '究其根本, 原於縱欲.'
6) 『醇言』 10장의 '知足不辱, 知止不殆, 可以長久.'를 뜻한다.

안다는 것의 의의를 설명하였으니 모두 색자의 뜻을 미루어 부연 설명한 것이다.

제13장
삼보위수기 三寶爲修己

我有三寶ᄒ야 '保'²⁾而持之ᄒ노니 一曰慈ㅣ오 二曰儉이오 三曰'不敢先'이니라³⁾

나에게는 세 가지 보물이 있어 보존하여서 지키고 있으니 첫째는 자애이고 둘째는 검소이고 셋째는 감히 앞장서지 않는 것이다.

> 不敢先者, 謙也. 慈儉謙三者, 持身接物之寶訣也.
> 감히 앞서지 않는다는 것은 겸손이다. 자애·검소·겸손은 자신을 지키고 다른 사람을 대하는 보물 같은 비결이다.

夫'慈'⁴⁾故能勇ᄒ고

자애롭기 때문에 용감할 수 있고

> 董氏曰: "'仁'者, 必有'勇'⁵⁾也."

---

1) 『太上老子道德經集解』, 67장이다.
2) '보保'는 『太上老子道德經集解』에는 '보寶'로 되어 있다.
3) '不敢先' 『太上老子道德經集解』에는 '不敢爲 天下先'으로 되어 있다.
4) '慈'는 仁을 말한다.
5) '勇'은 '義理之勇'이다.

동사정이 말하기를: "인仁한 사람은 반드시 용감하다."

儉故能廣하고
검소하기 때문에 널리 베풀 수 있고

董氏曰: "守約而博施也."[6]
동사정이 말하기를: "지키는 것이 간단해서 널리 베풀어질 수 있다."

不敢先이라[7] 故能成器長이니라
감히 앞서지 않기 때문에 사람들의 우두머리가 될 수 있다.

'器,'[8] 物也. 自後者, 人必先之, 故卒爲有物之長也.
기器는 사람들이다. 스스로 뒤에 서는 사람은 사람들이 반드시 앞세우려고 한다. 그러므로 마침내 사람들의 우두머리가 될 수 있는 것이다.

---

6) 『孟子』,「盡心 下」32장: '言近而指遠者 善言也. 守約而施博者, 善道也.'
 『太上老子道德經集解』註에는 '守約而博施也'가 '守約而施博也'로 되어 있다.
7) '不敢先'『太上老子道德經集解』에는 '不敢爲 天下先'으로 되어 있다.
8) 『周易』,「繫辭 上」12장: '是故, 形而上者 謂之道, 形而下者 謂之器.'

董氏曰: "'乾'[9]之出庶物 亦曰 見群龍無首吉."
동사정이 말하기를: "건乾이 뭇 사물을 낳음에 또 여러 용을 보되 앞장서지 않으면 길하다." 하였다.

今애 捨其慈ㅎ고 且勇ㅎ며 捨其儉ㅎ고 且廣ㅎ며 捨其後ㅎ고 且先ㅎ면 死矣!
지금 자신의 자애를 버리고 용감하려고 하며, 자신의 검소를 버리고 널리 베풀려 하며, 자신의 겸손을 버리고 앞장서려고 하면 죽을 것이다.

務勇則'必忮,'[10] 務廣則必奢, 務先則必爭, 皆死之徒也.
용감해지려고 힘쓰면 반드시 남을 해치게 도며, 널리 베풀기를 힘쓰면 반드시 사치스럽게 되며, 앞장서려고 힘쓰면 반드시 다투게 되니 모두 죽게 될 무리이다.

夫慈는 以戰則勝ㅎ고 以守則固ㅎᄂ니 天將救之인댄 以慈衛之니라
자애를 바탕에 두고 전쟁을 하면 승리하고, 자애를 바탕에 두어서 지키게 되면 견고하게 되니, 하늘이 구원하려고 할 때는 자애를 가지고 구원하는 것이다.

---

9) 『周易』,「乾卦」: '用九, 見群龍, 无道, 吉.' 이천『주역전의』 (구를 씀은 여러 용을 보되 앞장서지 말면 길하다.)「朱子本義」: '見群龍无首.' (여러 용의 머리가 없음을 봄이니) 64괘 중에서 건괘乾卦와 곤괘坤卦를 기준으로 각각 5개의 괘가 파생되는데 건괘와 곤괘를 합치면 12개가 된다. 이것을 12개월에 배치하여 각각 한 달의 주主로 삼았는데 사람으로 말하면 임금과 같다고 하여 '임금 벽辟' 자를 쓴 것이다. 1월은 태괘泰卦, 2월은 대장괘大壯卦, 3월은 쾌괘夬卦, 4월은 건괘乾卦, 5월은 구괘姤卦, 6월은 돈괘遯卦, 7월은 비괘否卦, 8월은 관괘觀卦, 9월은 박괘剝卦, 10월은 곤괘坤卦, 11월은 복괘復卦, 12월은 임괘臨卦에 해당된다.

10) 『論語』,「子罕 26」, 朱子 註: '呂氏曰, 貧與富交, 强者, 必忮, 弱者, 必求.'

董氏曰: "慈者, 生道之流行, 乃仁之用也. 故爲三寶之首. 以慈御物, 物亦愛之, 如慕父母, 效死不辭, 是以戰則勝, 守則固. 故曰, '仁者, 無敵於天下也.'[11] 苟或人有所不及, 天亦將以慈救衛之, 蓋天道好還, 常與善人故也."

동사정이 말하기를: "자애는 도가 두루 행하여지도록 생성시켜주는 것이니 이것은 바로 인仁의 작용이다. 그러므로 세 가지 보물의 으뜸이 된다. 자애를 가지고서 다른 사람을 대하게 되면 다른 사람도 사랑하게 되어서 부모를 사모하여 목숨을 바친다고 해도 사양하지 않는 것과 같다. 이 자애를 가지고 전쟁을 하게 되면 승리를 거두고 지키면 견고해진다. 그러므로 인자는 천하에 대적할 만한 사람이 없다. 만일 어떤 사람이 미치지 못하는 점이 있으면 하늘이 또한 자애를 가지고 도와 줄 것이다. 대개 천도는 돌려주기를 좋아하니 항상 선인과 함께 하기 때문이다.

'程氏'[12]曰: "去邠而岐, 周以興是其救也."[13]

정문간이 말하기를: "(주나라 문왕이) 빈 땅을 버리고 기 땅으로 갔으나 주나라가 그 때문에 흥기하니 이것이 하늘이 구원한 것이다."

---

11) 『孟子』, 「梁惠王 上」 5장: '仁者, 無敵, 王請勿疑.'

12) 程氏: 程文簡이다.

13) 『孟子』, 「梁惠王 下」 15장: '滕文公 問曰, 滕, 小國也. 竭力以事大國, 則不得免焉, 如之何則可? 孟子對曰, 昔者, 大(太)王, 居邠, 狄人, 侵之, 事之以皮幣, 不得免焉. 事之以犬馬, 不得免焉. 事之以珠玉, 不得免焉. 乃屬其耆老而告之曰: 狄人之所欲者, 吾土地也. 吾聞之也, 君子, 不以其所以養人者, 害人, 二三子, 何患乎無君? 我將去之, 去邠, 踰梁山, 邑于岐山之下 居焉. 邠人曰, 仁人也, 不可失也, 從之者如歸市.'

○ 右第十三章. 言三寶爲修己長物之要道, 其下六章, 皆推廣此章之義, 蓋因嗇字之義, 而伸長之也.

이상은 제13장이다. 세 가지 보물은 자신을 수양하고 다른 사람을 기르는 중요한 방법이라고 말하였으니 이 아래 여섯 장은 모두 이 장의 뜻을 미루어 밝힌 것이니 모두 嗇자의 의미를 계속 신장시킨 것이다.

제14장
유약승강포 柔弱勝強暴

'人之生也'[1]애 柔弱ᄒ고 其死也애 堅'强'[2]ᄒ며 '草木之生也'[3]애 柔脆ᄒ고 其死也애 枯槁ᄒᄂ니 故堅强者ᄂ 死之徒ㅣ오 柔弱者ᄂ 生之徒ㅣ니라[4]

사람이 살아 있을 때는 부드럽고 연약하며 사람이 죽었을 때는 굳어서 뻣뻣하다. 초목이 살아 있을 때는 부드럽고 여리지만, 죽었을 때는 시들어 메마르게 된다. 그러므로 굳어서 뻣뻣한 자는 죽은 무리이며 부드러워서 연약한 자는 살아 있는 무리이다.

冲氣在身, 則體無堅强之病, 以理勝氣, 則事無堅强之失矣.

음양이 조화된 기운이 온몸에 깃들어 있으면 몸이 굳어서 뻣뻣해지는 병이 없고, 이치를 가지고 기氣를 이기게 되면 일[事]이 굳어서 뻣뻣해지는 잘못이 없게 된다.

---

1) 『醇言』14장에는 '人之生也'가 『太上老子道德經集解』, 76장에는 '民之生也'로 되어 있다. 또 '萬物 草木之生也'에서 萬物이 『醇言』에는 빠져 있다.
2) '强'자가 『太上老子道德經集解』에서는 모두 '彊'자로 되어 있다.
3) 『太上老子道德經集解』, 76장의 '萬物 草木之生也'가 『醇言』14장 '草木之生也'로 '萬物'이 빠져 있다.
4) 『太上老子道德經集解』, 76장이다.

是以兵強則不勝ᄒ고 '木強則共'⁵⁾ᄒᄂ니 故堅強이 居下ᄒ고 柔弱이 處上이니라⁶⁾

이 때문에 군대가 뻣뻣하면 이기지 못하고, 나무가 딱딱하면 사람들이 베어간다. 그러므로 굳어서 뻣뻣한 것은 아래에 있고, 부드럽고 약한 것은 위에 있는 것이다.

董氏曰: "共謂人共伐之也. 列子⁷⁾云: '共強則滅, 木強則折,'⁸⁾ 是矣. 物之精者, 常在上, 而粗者, 常在下. 其精必柔, 其粗必強, 理勢然也."

동사정이 말하기를: "공은 사람들이 함께 베어가는 것을 말한다. 열자에 이르기를: '군대가 뻣뻣하면 멸망하고 나무가 딱딱하면 베어간다고 말한 것'이 이것이다. 사물이 정미한 것은 항상 위에 있고, 사물이 조잡한 것은 항상 아래에 있게 된다. 사물이 정미한 것은 반드시 부드럽고 사물이 조잡한 것은 반드시 뻣뻣하니 이치와 형세가 그러하다."

---

5) 『列子』, 「黃帝」의 長湛 注에 '共'이 '折'로 되어 있다.
6) 『太上老子道德經集解』, 76장 註: '共, 如字, 謂人共伐之也. 列子云: '兵彊則滅, 木彊則折,' 是矣. 夫物之精者, 常在上, 而粗者, 常在下, 其精必柔, 其粗必彊, 理勢然也. 而天下亦未有剛彊而能居人上者. 莊子曰: '以濡弱謙下爲表,' 是也.'
7) 列子: 열어구列禦寇, 정나라 사람. 『한서』 「예문지」에는 『列子』 8편이 있고 원주原注에는 '이름은 어구圄寇이고 장자보다 앞선 사람이며 장자도 그를 칭찬했다.'고 되어 있다.
8) 『列子』, 「黃帝」: "老聃曰 '兵彊則滅, 木彊則折. 柔弱者, 生之徒, 堅堈者 死之徒.'"

순언醇言 73

'天下柔弱이 莫過於水'[9] ㅣ로되 而攻堅强애 莫之能勝ᄒᆞᄂᆞ니 '其無以易之'[10]니라[11]

'천하에 부드럽고 연약한 것이 물보다 나은 것이 없으나' 단단하고 뻣뻣한 것을 공격하는데 그것을(물) 이길 수 없는 것이니 '어떠한 것도 그 이치는 바꿀 수 없다.'

善下而柔弱故, '必勝'[12] 堅强, 其理不可易也.

아래에 있기를 잘하며 부드럽고 연약하기 때문에 반드시 굳고 뻣뻣한 것을 이길 수 있는 것이니 그 이치는 바꿀 수 없는 것이다.

故로 柔勝剛과 弱勝强을 天下莫不知ᄒᆞ되 莫能行ᄒᆞᄂᆞ니[13]
그러므로 부드러운 것이 꿋꿋해서 강한 것을 이긴다는 것과 약한 것이 강한 것을 이기는 것을 천하에 알지 못하는 사람이 없는데도 실천하지 못하고 있으니

---

9) 『道德經』 78장: 河上公本은 '天下柔弱莫過於水'라고 되어 있는데 뜻은 같다고 했다.

10) 『道德經』 78장: 왕필 주에 其의 주석 앞에 '以'자가 있으니 왕필이 본 판본에는 '以其無以易之'로 되어 있었을 것으로 생각된다.

11) 『太上老子道德經集解』, 78장이다.

12) 『孟子』, 「公孫丑 上」 2장: "曰. 不動心有道乎? 曰. 有. 北宮黝之養勇也, …… 必反之. 孟施舍之所養勇也, …… 是畏三軍者也, 舍豈能爲必勝哉? 能無懼而已矣."(공손추가 '부동심이 방법이 있습니까?'라고 묻자, 맹자가 대답하였다. '있다. 북궁유가 용맹을 기른 것은 …… 반드시 보복하였다. 맹시사의 용맹을 기른 것은 …… 삼군을 두려워하는 자이다. 내 어찌 필승을 할 수 있겠는가. 두려움이 없을 뿐이다.'라고 하였다.)

13) 『太上老子道德經集解』, 78장이다.

觀水之功堅, 則其理昭然, 豈難知哉? 非知之難, 行之惟艱, 故人鮮克行之.

물이 단단한 것을 공격하는 것을 살펴보면 그 이치가 분명한 것이니 어찌 알기 어려운 것이겠는가? 아는 것이 어려운 것이 아니라 오직 실천하는 것이 어려운 것이다. 그러므로 사람들이 잘 실천하는 것이 드물다.

是以聖人이 言ᄒᆞ샤ᄃᆡ 受國之垢ㅣ 是謂社稷主ㅣ오 '受國不祥이 是謂天下王'14)이라ᄒᆞ시니라15)

이 때문에 성인이 말씀하시되 "나라의 더러운 것을 감내하는 사람은 사직의 주인이 되고, 나라의 좋지 못한 일을 받아서 견디는 사람은 천하의 왕이 될 수 있다."

溫公曰: "舍垢納污, 乃能成其大."16)

사마온공이 말하기를: "국가의 더러운 일을 머금고 오욕을 감내하는 사람이 바로 국가의 큰일을 이룰 수 있는 것이다."

愚按, '仁覆如天,'17) 無物不容, 是謂受垢與不祥也.

내가 살펴보건대, 인으로 덮어주기를 하늘과 같이 하여 받아들이지 않는 외물이 없는 것이니 이것이 더러운 일과 좋지 못한 일을 감내한다고 말하는 것이다.

---

14) 『淮南子』, 「道應訓」은 楚 莊王의 이야기로 해설한다. 회남자는 『老子』의 이 부분을 인용하였다.
15) 『太上老子道德經集解』, 78장이다.
16) 『太上老子道德經集解』, 78장 註: '含垢納汗, 乃能成其大.'
17) 『孟子』, 「萬章 上」 1장, 朱子 註: '舜往于田 耕歷山時也. 仁覆閔下 謂之旻天.'

○ 右第十四章. 因上章戰勝之說, 而推明慈柔, 勝剛暴之義. 夫所謂柔者, 只言仁慈之形耳, 非一於柔弱而已. 若一於柔弱, 則豈能勝剛暴哉? 且其勝之者, 亦出於理勢之當然耳, 非有心於欲勝, 而故爲柔弱也.

　이상은 제14장이다. 위 장에서 전쟁을 하면 승리한다는 말을 인因하여서, 자애하고 유약하게 하는 것이 강포를 이긴다는 뜻을 미루어 밝힌 것이다. 저(노자) 이른바 유약하다고 한 것은 단지 인자한 모습을 말했을 뿐이고 유약한 것만 오로지 하는 것은 아니다. 만약 유약한 것만 오로지 한다면 어떻게 강포를 이길 수 있겠는가? 그리고 유약이 승리하는 것도 당연한 이치일 뿐 이기고자 하는 마음이 있어서 일부러 유약하게 한 것은 아니다.

✤ 제15장[1] ✤
검 儉

'持而盈之'[2] ㅣ 不如其已며 揣而銳之ㅣ 不可長保ㅣ니
'가지고 있으면서 가득 채우려고 하는 것은' 그 일을 그만두는 것만 못하며 다스려서 날카롭게 만드는 것은 오래 보존할 수 없다.

恐盈之或溢, 而持固之, 不若不盈之爲安也, 恐銳之或折, 而揣量之, 不若不銳之可保也.[3]

가득 채우고 나서 혹여 넘치는 것을 염려하면서도 가지고 있는 것을 견고하게 하려는 것은 가득 채우지 않는 것이 편안함이 되는 것만 못하다. 날카롭게 만들고 나면 혹여 부러질 것을 염려하며 미루어 헤아리고 있는 것은, 날카롭지 않은 것을 보존할 수 있는 것만 못한 것이다.

蘇氏[4]曰: "無盈, 則無所用持, 無銳, 則無所用揣矣."

---

1) 『太上老子道德經集解』, 9장의 全文이다.
2) '持而盈之': 내가 소유하고 있는 것은 持. 소유하였는데 가득 채우려고 하는 것은 盈이다.
3) 『太上老子道德經集解』, 9장 註: "文定(蘇轍)曰: '知盈之必溢, 而異持固之, 不若不盈, 之安也. …… 無盈, 則無所用持, 無銳, 則無所用揣矣.'"
4) 蘇: 蘇轍(1039~1112)이다. 眉州 眉山 사람으로 자는 子由, 시호는 文定 호는 潁濱遺老이다. 부친 蘇洵, 형 蘇軾과 더불어 삼소三蘇로 일컬어지며 저서는 『난성집欒城集』84권, 『난성소응소집欒城 蘇應詔集』, 『시전詩傳』, 『춘추집전春秋集傳』, 『고사古史』, 『노자도덕경의老子道德經義』 2권이 있다.

소철이 말하기를: "가득 채우려고 하는 마음이 없으면 굳이 견고하게 하는 데 마음 쓸 것이 없고, 날카롭게 하는 마음이 없으면 미루어 헤아리는 데 마음을 쓸 바가 없다."

金玉滿堂이면 莫之能守ㅣ며 富貴而驕ㅣ면 自遺其咎ㅣ니 功成名遂身退는 天之道ㅣ니라
금과 옥이 집에 가득하면 지킬 수 없으며 부귀하고 교만하면 자연히 그 허물을 남기게 될 것이니 공이 이루어져서 이름이 알려졌으면 자신이 물러나는 것은 하늘의 도이다.

劉師立[5]曰: "盈則必虛, 戒之在滿, 銳則必鈍, 戒之在進, 金玉必累, 戒之在貪, 富貴易淫, 戒之在傲, 功成名遂必危, 在乎知止, 而'不失其正.'[6]"
유사립이 말하기를: "가득 채우게 되면 반드시 비게 되는 것이니, 가득함[滿]을 경계하고, 날카로우면 반드시 무디게 되는 것이니 나아가는 데 경계를 두고, 금과 옥은 반드시 누가 될 것이니 탐욕을 경계하고, 부귀는 지나치기 쉬우니 오만에 경계를 두고, 공성명수하면 반드시 위태롭게 되는 것이니 그만둘 줄 알아서 정도를 잃지 않는 데 경계

---

5) 유사립劉師立(미상~640) 당나라 송주宋州 우성虞城 사람. 처음 왕王 세충世充을 섬겼으나 낙양洛陽이 평정되어 죽임을 당할 즈음 진왕秦王 세민世民이 그의 재주를 높이 보아 좌친위左親衛로 끌어들임.

6) 『大學』 傳7장: '所謂修身在正其心者, 身(心)有所忿懥, 則不得其正, 有所恐懼, 則不得其正, 有所好樂, 則不得其正, 有所憂患, 則不得其正.' 朱子 註: "蓋是四者, 皆心之用而人所不能無者, 然一有之而不能察, 則欲動情勝, 而其用之所行, 或不能不失其正矣." (대개 이 분치, 공구, 호요, 우환 등 네 가지는 모두 마음의 용용이니, 사람에게 없을 수 없다. 그러나 한 번 이것이 있는데도 살피지 못하면 욕욕이 동동하고 정정이 승승하여 그 용의 행하는 바가 혹 바름을 잃지 않을 수 없다.)

를 두어야 한다."

○ 右第十五章. 言 儉之義.
　이상은 제15장이다. 검소의 의미를 말한 것이다.

제16장
불감선 不敢先

貴以賤爲本ᄒ며 高以下爲基라 是以侯王이 自謂'孤寡, 不穀'ᄒᄂ니 此其以賤爲本邪아 非乎아

존귀함은 비천한 것을 근본으로 삼으며 높은 것은 낮은 것을 토대로 삼는다. 이 때문에 천자나 제후들이 자신을 말할 때 고孤(어려서 부모 없는 자)·과寡(덕이 부족한 것)·불곡不穀(선하지 못한 자)이라고 이른 것이니, 이것은 천한 것을 근본으로 삼는 것이겠느냐? 아니겠느냐?

夫惟自賤, 則人必貴之, 自下, 則人必高之, 是以賤爲本, 以下爲基也. 侯王之自貶. 是自賤自下之道也.

오직 자신을 비천하다고 하면 사람들이 반드시 존귀하게 여기며 천자나 제후가 자신을 낮추면 사람들은 반드시 높이게 된다. 이 때문에 귀천을 근본으로 삼고 낮추는 것을 토대로 삼는 것이다. 천자나 제후들이 자신을 폄하한 것은 자신을 천대하고 자신을 낮춘 방법이다.

---

1) 『太上老子道德經集解』 39장이다

2) 고孤·과寡·불곡不穀: '孤'는 부모가 없는 자, '寡'는 남편이 없는 자 또 '寡人'으로 임금이 자신을 낮출 때도 쓰인다. '不穀'은 자신이 보잘것없는 사람을 뜻함. 겸사謙辭로도 쓰인다.

○ 右第十六章. 言不敢先之義 下章同此.

　　이상은 제16장이다. 감히 남보다 앞서지 않는다는 뜻을 말함이니, 다음 장도 이와 같다.

제17장
상선약수 上善若水

上善은 若水ᄒ니 水ㅣ 善利萬物ᄒ고 '又'[1]不爭ᄒ며 處衆人之所惡ㅣ라 故幾於道ㅣ니라[2]
최상의 선은 물과 같은 것이니 물은 만물을 이롭게 하고, 더욱이 다투지 않으며 대중 사람들이 싫어하는 곳에 머무른다. 그러므로 도에 가깝다.

　董氏曰: "守柔處下, 乃俗之所惡, 而實近於道."[3]
　동사정이 말하기를: "유柔함을 지키고 낮은 곳에 있는 것은 바로 세속 사람들이 싫어하는 것이지만 실로 도에 가까운 것이다."

江海所以能爲百谷王者ᄂ 以其善下之라 故能爲百谷王이니 '是以聖人은 以言下之ᄒ며 以身後之라 是以處上而人不重ᄒ며 處前而人不害ᄒ며 天下ㅣ

---

1) 又:『道德經』에는 '而'로 되어 있다.
2) 『太上老子道德經集解』8장이다.
3) 『太上老子道德經集解』8장, 註: '處, 上聲. 惡, 去聲. 幾, 音機. 近也. 守柔處下, 乃俗之所惡, 而實近於道. 然麗乎形, 則於道有間, 故曰幾也.'

樂推而不厭'[4]ᄒᆞᄂᆞ니라[5]

강과 바다가 모든 계곡의 왕이 될 수 있는 것은 낮은 곳에 있기를 잘하기 때문이다. 그러므로 모든 계곡의 왕이 될 수 있는 것이다. 이 때문에 성인은 말로써 자신을 낮추며 몸으로써 뒤에 있게 한다. 이 때문에 위에 있어도 사람들이 무겁게 여기지 않으며 앞에 있어도 사람들이 해롭게 여기지 않으며 천하 사람들이 즐거이 추대하고 싫어하지 않는 것이다.

水固近道, 而江海又水之大者也. '宋徽宗'[6]曰: "屯初九日, '以貴下賤 大得民也'[7] 得其心也. 處上而人不重, 則戴之也懽, 處前而人不害, 則利之者衆. 若是則無思不服 故不厭也."[8]

물은 진실로 도에 가까운 것인데 강과 바다는 물 가운데 큰 것이다. 송나라 휘종이 말하기를: 둔초구 왈 '귀한 사람으로 천한 사람이라 낮추니 크게 백성을 얻게 된다.' 하였으니 이것은 백성의 마음을 얻는 것이다. 위에 있으면서 사람들이 무겁게 여기지 않는다면 추대하기를 기쁘게 추대할 것이며 앞에 있는데도 사람들이 해롭게 여기지 않는 것은 사

---

4) 『太上老子道德經集解』 66장의 本文: '是以聖人, 欲上人, 以其言下之. 欲先人, 以其身後之, 是以處上而人不重, 處前而人不害. 是以天下樂推而不厭.'이며 『道德經』에는 '欲上民' '欲先民'으로 되어 있으며 『醇言』에서도 내용을 축약하였음을 알 수 있다.

5) 『太上老子道德經集解』, 66장이다.

6) 徽宗(1082~1135)은 송의 8대 임금으로 성명은 조길趙佶이다. 예술적 재능이 뛰어났으며 한림원의 서원, 화원제도를 정비하였고 서화에도 능하였다. 금의 침공으로 아들 흠종欽宗과 포로가 되어 북만주 오국성에서 승하한다.

7) 『周易』, 「屯卦」: '初九, 磐桓, 利居貞, 利建侯. 象曰: 雖磐桓, 志行正也 以貴下賤, 大得民也.'

8) 『太上老子道德經集解』, 66장, 註: '御註曰: 屯初九日, 以貴下賤, 大得民也. 蓋得其心也. 處上而人不重, 則戴之也懽, 處前而人不害則利之者衆, 若是則無思不服. 故不厭也.'

람들이 이롭게 여기는 것이다. 이와 같으면 복종하지 않을 것을 생각하지 않기 때문에 싫어하지 않는 것이다.

董氏曰: "楊雄[9]曰, '自下者, 人高之, 自後者, 人先之.' 故天下樂推戴, 而無厭斁之心也."[10]

동사정이 말하기를: "양웅이 말하기를 '자신을 낮추는 사람은 사람들이 높여주고 자신이 뒤에 서는 사람은 사람들이 앞세우게 된다.' 그러므로 천하 사람들이 즐거이 추대하되 싫어하는 마음이 없는 것이다."고 하였다.

○ 右第十七章.
이상은 제17장이다.

---

9) 양웅(楊雄B.C.53~A.D.18) 중국 전한의 학자. 자는 子雲. 저서 『태현경太玄經』, 『법언法言』, 『방언方言』 등이 있다.

10) 『太上老子道德經集解』, 66장, 註: "楊雄曰, '自下者, 人高之 自後者, 人先之.' 故天下樂推戴, 而無厭斁之心, 此天道不爭之德也."

제18장[1]
자慈·유柔·겸謙

善爲士者는 不武ᄒᆞ고

도덕을 귀중하게 여기는 사람은 무력을 숭상하지 않으며

> 董氏曰: "不尙力也."[2]
> 동사정이 말하기를: "무력을 숭상하지 않는다."고 하였다.

善戰者는 不怒ᄒᆞ고

싸움을 잘하는 사람은 화를 내지 않고

> 不得已而用兵, 非出於'血氣之怒'[3]也.
> 부득이 하여서 군대를 쓰는 것이니, 이것은 혈기에서 나오는 분노가 아니다.

---

1) 『太上老子道德經集解』 68장의 全文이다.
2) 『太上老子道德經集解』 68장, 註이다.
3) 『孟子』,「梁惠王 下」3장, 朱子 註: 張敬夫曰, '小勇者, 血氣之怒也; 大勇者, 理義之怒也. 血氣之怒 不可有, 理義之怒不可無' (장경부가 말하기를, 작은 용기는 혈기의 노함이요, 큰 용기는 의리의 노함이다. 혈기의 노함이 있어서는 안 되고 의리의 노함이 없어서는 안 된다.) 『朱子語類』 권13, 「學七」에 나온다.

善勝敵者는 不爭ᄒ고

적을 잘 이기는 사람은 다투지 않고

只以征伐, 正其不正而已, 非有爭奪之心也.

단지 정벌을 사용하되 그들의 바르지 못한 것을 바로잡을 뿐이고 다투어 빼앗으려고 하는 마음을 가진 것은 아니다.

善用人者는 爲之下ᄒᄂ니

사람을 잘 쓰는 사람은 그들에게 몸을 낮추는 것이며

'致敬盡禮'[4], 屈己以下賢, 然後能用賢.

'공경을 다하고 예를 극진히 하며' 자신을 굽혀서 현인에게 낮추어 그런 연후에 현인을 쓰는 것이다.

孟子曰: "湯[5]之於伊尹[6] 學焉而後臣之."[7]

맹자가 말하기를: "탕 임금이 이윤에게 배운 뒤에 신하로 삼았다."

---

4) 『孟子』, 「盡心 上」 8장: '樂其道而忘人之勢, 故王公不致敬盡禮, 則不得亟見之, 見且由不得亟, 而況得而臣之乎.' (자기의 도를 즐거워하며 남의 권세는 잊었으므로, 왕이나 공이 공경을 다하고 예를 극진히 하지 않으면 자주 볼 수가 없었다. 보는 것도 자주 하지 못하였는데, 하물며 신하로 삼을 수 있었겠는가.)

5) 湯: 商(殷) 왕조의 시조. 성은 子, 이름은 履, 탕 임금의 치적은 『帝王世紀』, 『史記 殷本紀』, 『山海經』 등에서 보인다. 『孟子』, 「盡心 下」 33장에 보인다.

6) 伊尹: 殷의 명재상. 『孟子』, 「萬章 下」 1장과 「公孫丑 上」 2장에 이윤에 관한 성인관이 보인다.

7) 『孟子』, 「公孫丑 下」 2장: '湯之於伊尹, 學焉而後臣之, 故, 不勞而王.'

是謂不爭之德이며 是謂用人之力이니 是謂配天이라 古之極也ㅣ니라

이것을 남과 다투지 않는 덕이라 말하며, 이것을 사람을 등용하는 능력이라고 이르니 이렇게 하는 것이 천도와 부합한다고 말한다. 예로부터 내려오는 준칙이다.

'謙卑自牧'[8] 與人爲善 故人樂爲用 其德配天 無以尙矣.

겸손해서 자신은 낮추는 것으로 자신을 기르며 남과 더불어 선을 행하는 것이다. 그러므로 사람들이 등용되는 것을 즐거이 하는 것이다. 그의 덕은 하늘과 부합되니 거기에는 덧붙일 것이 없는 것이다.

○ 右第十八章. 極言慈柔謙下之德 可以配天也.

이상은 제18장이다. 자애·유약·겸손에 낮춤의 덕은 천도와 배합될 수 있다고 지극하게 말한 것이다.

---

8) 『易經』,「謙卦·象傳·初六」: '謙謙君子, 卑以自牧.' (겸손하고도 겸손한 군자는 몸을 낮추는 것으로 자신을 수양한다.)라는 말이 보인다.

✦ 제19장 ✦
체용일원 體用一源

上士는 聞道에 勤而行之ᄒᆞ고 中士는 聞道애 若存若亡ᄒᆞ고 下士는 聞道애 大笑之ᄒᆞᄂᆞ니 不笑ㅣ면 不足以爲道ㅣ니라[1]
상등의 인사는 도를 들었을 때 부지런하게 실천하려고 하며, 중등의 인사는 도를 들었을 때 반신반의하고, 하등의 인사는 도를 들었을 때 크게 비웃게 되는 것이니, 하등의 인사에게 크게 비웃음을 받지 않는다면 그것을 도라고 하기는 부족하다.

上士聞道, '篤信不疑,'[2] 中士, 疑信相半, 下士, 茫然不曉, 反加非笑, 若合於下士所見, 則豈聖人之道哉?
상등의 인사는 도를 들었을 때 독실하게 들어 의심하지 않으며, 중등의 인사는 반신반의하며, 하등의 인사는 도를 들었을 때 망연히 무슨 뜻인지 깨닫지 못하여 도리어 비난하고 비웃으니, 만약 하등의 인사의 소

---

1) 『太上老子道德經集解』 41장이다.
2) 『聖學輯要』, 「修己 上」 본연지성에 대한 율곡의 말이다: '堯舜湯武孔孟之聖. 非外假而成. 譬如有人自家無限寶藏. 埋諸幽暗之地而不自知焉. 貧寒匈乞. 流轉四方. 若遇先覺. 指示藏寶之處. 篤信不疑. 發其所埋.'(요·순·탕·무·공·맹 과 같은 성인이 될 수 있다. 비유하자면, 어떤 사람이 자기 집에 무진장의 보물寶物이 있는데 으슥한 곳에 묻어 둔 채 모르고 지내면서 빈한하게 구걸하고 사방을 떠돌아다니다가 선각자先覺者를 만나 보물이 매장된 곳을 알려주자, 독실하게 믿어서 의심하지 않고 그 매장한 곳을 발굴하니, 무진장의 보화가 다 자기의 소유가 되는 것과 같다.) 즉 '독실히 믿어 의심하지 않음이다.'

견으로 알 수 있는 것이라면 어찌 성인의 도이겠는가?

'建言애 有之하니 明道는 若昧하며'[3] 進道는 若退하며 上德은 若谷하며 太白은 若辱하며[4]
옛날 건언에 그러한 말이 있으니, 밝은 도를 지니니 사람은 소견이 없어 어두운 듯하며, 진취적인 도를 지닌 사람은 물러서서 나아가지 못하는 듯하며 상등의 덕을 지닌 사람은 골짜기처럼 자신을 낮추며 매우 결백한 사람은 더러움을 지닌 듯하다.

建言, 古之所立言也. 明道者, 若無所見, 進道者, 退然若不能行. 德之高者, 自謙如谷之虛, 潔白之至者, 自處如有玷汚也.
옛날의 건언에 그러한 말이 있으니 도가 밝은 사람은 소견이 없어 어두운 듯하며 진취적인 도를 지닌 사람은 마치 나아가지 못하는 듯하고, 덕이 높은 사람은 스스로 겸손하여서 골짜기처럼 마음을 비우고 지극히 결백한 사람은 스스로 처신하는 것이 스스로 더러움 있는 것처럼 한다.

大器ᄂᆞ 晚成이라 하니라[5]
큰 그릇은 늦게 이루어진다.

---

3) 『太上老子道德經集解』 41장에서 '進道約退 夷道若類 上德若谷'가 있는데 중간의 夷道若類가 빠져 있으니 율곡이 축약하여 편저하였음을 느낄 수 있다.
4) 『太上老子道德經集解』 41장이다.
5) 『太上老子道德經集解』 41장이다.

積之久, 然後發之洪, 故大器不速成.
쌓기를 오래 한 뒤에 발현하는 것이 넓게 된다. 그러므로 큰 그릇은 빨리 이루어지는 것이 아니다.

'大成은 若缺ᄒ니 其用不弊ᄒ며'[6]
크게 이루어진 것은 모자란 듯하니 그 쓰임은 끝이 없다.

董氏曰: "敝, 敗壞也. 體至道之大全, 而盛德若不足, 故其用愈久, 而愈新也."
동사정이 말하기를: "폐는 무너지는 것이다. 지극한 도가 크게 온전함을 체득하였으나 성덕은 부족한 것이다. 그러므로 그 쓰임은 오래되면 될수록 더욱 새로운 것이다."

'大盈은 若冲ᄒ니 其用不窮ᄒ며'[7]
크게 가득한 것은 비어 있는 듯이 하나 그 쓰임은 다하지 않으며

'道備於已, 而謙若冲虛, 故積愈厚, 而用愈不窮.'[8]
도가 자신에게 구비되어 있을지라도 겸손하여서 비어 있는 듯하다. 그러므로 쌓인 것이 두터우면 두터울수록 더욱 무궁하다.

董氏曰: "此兼用而言."

---

6) 『太上老子道德經集解』 45장이다.

7) 『太上老子道德經集解』 45장이다.

8) 『太上老子道德經集解』 45장, 註: '道備於已, 而有若無, 實若虛, 故積愈厚, 而用愈不窮. 此兼用而言, 下則略文也.'

동사정이 말하기를: "이 말은 쓰임을 겸하여서 말한 것이다."
愚按, '中間二句,'⁹⁾ 言其用, 上下則皆略文也.
내가 살펴보건대, 중간의 두 구절은 그 쓰임에 대하여 말하였고 위아래 있는 글은 모두 생략한 글이다.

大直은 若屈ᄒ며 大巧는 若拙이니라¹⁰⁾
크게 곧은 것은 굽은 듯하며 크게 정교한 것은 졸렬한 듯하다.

與物無競, 故其直若屈, 曲當而無跡, 故其巧若拙.
외물과 다툴 것이 없으므로 그 곧음은 굽은 듯하고 아주 정교한 것은 졸렬한 듯하다.

'大辯은 若訥이니'¹¹⁾ '善者는 不辯ᄒ고 辯者는 不善ᄒ며 信言은 不美ᄒ고 美言은 不信이니라'¹²⁾
매우 말을 잘하는 사람은 어눌한 듯이 하고, 선한 사람은 말을 잘하지 못하고 말을 잘하는 사람은 선하다고 단정하지 못하며, 진실한 말은 아름답지 못하고 아름다운 말은 진실하다고 단정하지 못하다.

---

9) 中間二句: '大盈若冲, 其用不窮.'을 말함이다.
10) 『太上老子道德經集解』45장이다.
11) 『太上老子道德經集解』45장이다.
12) 『太上老子道德經集解』81장이다. 『太上老子道德經集解』에는 '信言不美, 美言不信. 善者不辯, 辯者不善.'의 순서로 되어 있다.

不事乎辯, 而發泌當理者, 謂之大辯. 吉人辭寡, 故其辯若訥, 以善爲主, 則不求辯, 以辯爲主, 則未必善也. 美者, 華飾也. 忠信之言, 不必華美, 華美之言, 未必忠信.

말을 잘하는 것을 일삼지 않아도 말을 하면 반드시 이치에 합당한 것을 매우 말을 잘하는 것이라 이른다. 선한 사람은 말이 적기 때문에 그가 말하는 것은 어눌한 듯하다. 선을 근본으로 삼으면 말을 잘하는 것을 추구하지 않고 말을 잘하는 것을 근본으로 삼으면 선하다고 단정하지 못한다. 아름다운 것은 화려하게 꾸미는 것이다. 충신한 말은 화려하고 아름답게 할 필요가 없고 화려하고 아름다운 말은 충신하다고 단정하지 못한다.

大音은 希聲하며 大象은 無形하니 道隱無名이니라[13]

위대한 소리는 소리가 나지 않으며 위대한 형상은 드러나지 않는 것이니 도는 은미하여서 이름을 붙일 것이 없다.

'希'[14]者, '聽'[15]之不聞也. '道本無聲無臭,'[16] 而 '體物不遺,'[17] 强名之曰道,

---

13) 『太上老子道德經集解』 41장이다.
14) '희希'는 주돈이周敦頤의 『通書』 「志學篇」에, '聖希天 賢希聖 士希賢.' (성인은 하늘처럼 되기를 희망하고, 현인은 성인처럼 되기를 희망하고, 선비는 현인처럼 되기를 희망한다.)이다.
15) 聽은 敬聽을 말하는 것이며 경청은 '主一無適'을 말하니 '하나의 근본을 두어 옮겨가지 않음이다.'
16) 『詩經』, 「文王」: '上天之載 無聲無臭, 至矣.'
17) 『中庸』 16장: '視之而弗見, 聽之而不聞, 體物而不可遺.' 朱子 註: '鬼神, 無形與聲, 然物之終始, 莫非陰陽合散之所爲, 是其爲物之體, 而物之所不能遺也. 其言體物, 猶易所謂幹事.'

其實無名也. '體用一源, 顯微無間之妙,'[18] 豈中下士之所能聽塋哉?

'희希'는 귀를 기울여 '들으려고' 해도 들리지 않는 것이다. '도는 본래 소리도 없고 냄새도 없으나' '만물을 낳으면서도 빠트리는 것이 없다.' 억지로 이름을 붙이기를 도라고 말하였으나 그 실제는 이름이 없는 것이다. '체와 용이 하나의 근원이며, 발현하고 은미한 것은 간격이 없는 현묘한 이치를' 어찌 중등의 용사와 하등의 용사가 분명하게 깨달을 수 있겠느냐?

○ 右第十九章. 推明謙虛之德, 合乎道體之本然. '文王望道, 而如未之見,'[19] '顔子以能問於不能, 以多問於寡. 有若無, 實若虛, 犯而不校,'[20] 卽此章之意也. 申言十三章寶之義者, 止此.

이상은 제19장이다. 겸허한 덕이 도체의 본연과 부합되는 것을 미루어 밝힌 것이다. '문왕이 도를 바라보기를 아직 보지 못한 것같이 하였고' '안자顔子는 잘하는 것을 가지고 잘하지 못하는 사람에게 물어보았으며 견문이 많은 것을 가지고 견문이 적은 사람에게 물어보았으며 재능을 가지고 있으면서도 없는 것같이 하였으며 학문이 가득 차 있으면서도 비어 있는 듯하며 자신에게 잘못을 범하였어도 시비를 따지지 않는다는 것이' 바로 이 장의 뜻이다. 13장에서부터 삼보(자애·유약·검소)의 의미를 거듭 말하였는데 여기서 그친다.

---

18) 『易傳』,「序」: '至微者, 理也. 至著者, 象也. 體用一源, 顯微无間 觀會通, 以行其典體 則辭無所不備.'

19) 『孟子』,「離婁 下」20장: '文王, 視民如傷 望道而(如)未之見.'

20) 『論語』,「泰伯」5장: '曾子曰. 以能, 問於不能, 以多, 問於寡, 有若無, 實若處, 犯而不校 昔者, 吾友嘗從事於斯矣.'

✦제20장✦
군자정중 君子靜重

'重爲輕根이오 靜爲躁君이라'[1] 是以君子ㅣ 終日行호되 不離'輜重'[2]ᄒᆞᄂᆞ니라[3]
무거운 것은 가벼운 것의 근본이 되고 고요한 것은 조급한 것의 군왕이 된다. 이 때문에 군자는 종일토록 길을 가되 짐을 실은 수레를 떠나지 않는다.

重是本, 輕是末, 不可捨本而趨末, 靜是君. 躁是卒徒, 不可捨君而遂卒徒也.
무거운 것은 근본이고 가벼운 것은 말단이니 근본을 버리고서 말단을 좇아서는 안 된다. 고요한 것은 군왕이고 조급한 것은 졸도이니 군왕을 버리고서 졸도를 좇아서는 안 된다.

董氏曰: "輜, 大車也. 君子之道, 以靜重爲主, 不可須臾離也. 如輜車之重, 不敢容易其行."[4]

---

1) 『韓非子』의 『老子』 풀이를 보면 "통제력이 자신에게 있는 것 '제재기제在己' '무거움[重]' '권세가 없는[無勢]' '가벼움[輕]'이다. '자신의 지위를 떠나지 않는 고요함[靜]'이며, '자신의 자리를 떠남이 조급함[躁]'이다. 조나라 武靈王의 사례를 들었다. 또한 『論語』, 「學而 8」: 子曰, "君子不重則不威, 學則不固, 主忠信, 無友不如己者, 過則勿憚改."
2) 치중輜重: 군대의 물자를 실어 나르는 짐수레이다.
3) 『太上老子道德經集解』26장이다.
4) 『太上老子道德經集解』26장, 註: '重, 直用反. 輕, 起政反, 寡謨之類. 躁, 早報反. 離, 去聲. 輜, 莊持切, 大車也. 君子之道, 以靜重爲主, 不可須臾離也. 如輜車之重, 不敢容易其行.'

동사정이 말하기를: "치輜는 대거이다. 군자의 도는 靜과 重을 중장으로 삼아서 잠시라도 떠나서는 안 되니 만일 무거운 짐을 실은 수레가 과감하게 가는 것이 용이하지 않은 것과 같다." 하였다.

雖有榮觀이나 燕處超然ᄒᆞ느니라[5]
비록 영화로운 생활을 누리고 유관하는 것이 있을지라도 편안하게 처신해서 초연하게 기거하는 것이다.

'雖在繁華當貴之中, 而無所係變, 常超然自得於物欲之外也.'[6]
'비록 번화하고 부귀한 곳에 있을지라도 얽매이거나 그리워하는 바가 없고 항상 초연하게 물욕의 밖에서 자득하는 것이다.' 하였다.

董氏曰: "榮觀在物, 燕處在己 惟不以物易己. 故遊觀榮樂, 而無所係諸也."
동사정이 말하기를: "영화로운 생활을 누리고 유관하는 것은 외물에 달려 있고 편안하게 처신하고 초연히 기거하는 것은 자신에게 달려 있으니 이것은 외물 때문에 자신의 마음을 바꾸지 않는 것이다. 그러므로 두루 유람하고 영화로운 즐거움이 있을지라도 얽매이거나 집착하는 것이 없는 것이다."

---

5) 『太上老子道德經集解』 26장이다.
6) 『太上老子道德經集解』 26장, 註: '觀, 古亂反. 處, 去聲. 夫榮觀在物, 燕處在己, 惟不以物易己. 故遊觀榮樂, 無所係着, 而超然自得於物外也.'

奈何萬乘之主ㅣ 而以身輕天下ㅣ리오 輕則失臣ᄒ고 躁則失君이니라[7]

어찌 만승나라의 군주이면서 자신의 몸을 천하 사람들 앞에서 가볍게 하겠는가? 군주가 가벼우면 신하를 잃게 되고 신하가 조급하면 임금을 잃게 된다.

董氏曰: "萬乘之尊, 不可縱'所欲之私'[8], 而不顧天下之重也. 君輕則失於臣, 臣躁則失於君矣. '近取諸身'[9], 則以心爲君, 以氣爲臣, 輕則心妄動, 而暴其氣, 躁則氣優亂, 而'動其心.'[10]"

동사정이 말하기를: "만승나라의 지존은 사사로운 욕심을 멋대로 부리고 천하의 중대한 일을 돌아보지 않아서는 안 된다. 군주가 가벼우면 신하를 잃게 되고 신하가 조급하면 군주를 잃게 되는 것이다. '가깝게는 몸에서 비유를 취한다면' 마음을 군주로 삼고, 기를 신하로 삼는 것이니 가벼우면 마음이 함부로 동요되어, 그 기를 해치게 되고 조급하면 기가 요란하게 되어 '그 마음을 동요시키게 된다.'" 하였다.

---

7) 『太上老子道德經集解』26장이다. 『太上老子道德經集解』26장, 註: '乘, 去聲. 身輕, 如字. 爲萬乘之尊, 不可縱所欲之私, 而不顧天下之重也. 經則妄動. 故實助於臣, 躁則擾民. 故失其爲君之道, 或云君輕則失助於臣, 臣躁則失於君矣.'

8) 사욕지사所欲之私 : '사사로운 욕심.'

9) 『易經』, 「繫辭」 2장: '古者包犧氏之王天下也, 仰則觀相於天, 俯則觀法於地, 觀烏獸之文, 與(天)地之宜, 近取諸身, 遠取諸物, 於是, 始作八卦, 以通神明之德, 以類萬物之情.'

10) 『孟子』, 「公孫丑 上」 2장: '今夫蹶者趨者, 是氣也而反動其心.' (넘어지고 달리는 것은 기이나 도리어 마음을 동요시킨다.) 기氣에 영향을 끼친다는 것을 말한다.

飄風不終朝ㅣ오 驟雨不終日이니 天地도 尙不能久이어든 而況於人乎ㅣ ᄯᆞ녀[11]
질풍은 아침을 마치지 못하고, 소나기는 하루를 마치지 못하는 것이니, 하늘과 땅도 오래 하지 못하는데 하물며 사람에서랴

董氏曰: "狂疾之風, 急暴之雨, 此陰陽擊搏, 忽然之變, 故不能久. 自朝至中, 爲終朝."[12]

동사정이 말하기를: "미친 듯이 세차게 바람이 불고 급한 듯이 사납게 비가 내리는 것은 음양이 서로 부딪쳐서 갑자기 일어난 변화이다. 그러므로 오래가지 못하는 것이다. 아침부터 한낮에 이르는 것이 종조(終朝)이다."

愚按, 有輕躁之病, 則必有急暴之行, '暴怒'[13]者, 必有後悔, 以至暴富暴貴者, 必有後禍, 皆非長久之道也.

내가 살펴보건대, 사람에게 가볍고 조급한 병이 있으면 반드시 급하고 사나운 행동이 있으니, 갑자기 성내는 사람은 반드시 뒤에 후회가 있고, 갑자기 부자가 되거나 갑자기 높은 지위에 오르는 사람은 반드시 뒤

---

11) 『太上老子道德經集解』 23장이다.
12) 『太上老子道德經集解』 23장 註: '飄風者 狂疾之風, 驟雨者, 急暴之雨. 此陰陽擊搏忽然之變也, 然終不能勝淸寧以自然. 故不能久, 自旦至中爲終朝, 自旦至暮爲終日.'
13) 동래는 여조겸呂祖謙의 호이다. 『心經附註』 권1, 「懲忿窒慾章」에 주희가 친구인 그에 대해서 "說少時性氣粗暴 嫌飮食不如意 便打破家事 後日久病 只將一冊論語 早晩閑看 至躬自厚而薄責於人 忽然覺得意思一時平了 遂終身無暴怒 此可爲變化氣質法."(그는 젊었을 적에 성질이 거칠고 사나워 음식이 마음에 안 들면 언짢게 여겨 집안의 살림살이를 때려 부수곤 하였는데, 뒷날 오래도록 병을 앓으면서 단지 『논어』 한 책을 가지고 조석으로 익히 보다가 '자기를 책망함은 후하게 하고 남을 책망함은 적게 한다.'라는 대목에 이르러 홀연히 마음속 생각이 한순간에 평온해짐을 깨달았으며, 그 뒤로는 죽을 때까지 분노를 폭발하는 일이 없었다고 하였다. 이는 기질을 변화시키는 법으로 삼을 만하다.)라고 평한 말이 실려 있다.

에 재앙이 있는 것이니, 모두 장구할 수 있는 도가 아니다.

○ 右第二十章. 言君子主乎靜重, 而不動於外物, 亦嗇之義也.
    이상은 제20장이다. 군자는 정중을 근본으로 삼고서 외물에 동요되지 않아야 한다고 말하였으니 또한 색(아끼어 거두어들이는)의 뜻이다.

제21장[1]
청정지정 淸靜之正

躁勝寒ᄒ고 靜勝熱이어니와 淸靜이 爲天下正이니라[2]
조급하게 움직이면 추위를 이길 수 있고 고요히 있으면 더위를 이길 수 있으니 마음을 담백하게 갖고[淸] 고요히 있으면[靜] 천하의 준칙이다.

董氏曰: "動屬陽, 靜屬陰. 故躁勝寒, 靜勝熱, 皆未免於一偏也. 淸靜者, 動靜一致, 故爲天下正."
동사정이 말하기를: "동은 양에 속하고 정은 음에 속한다. 그러므로 조급하게 움직이면 추위를 이길 수 있고 고요하게 있으면 더위를 이길 수 있으니, 이것은 모두 한쪽에 치우쳐 있는 것을 면하지 못한다. 청정한 사람은 마음이 맑고 동정이 일치된다. 그러므로 천하의 준칙이 되는 것이다."

愚按, 淸淨者, 泊然無外誘之累, 而動靜皆定者也.
내가 살펴보건대, 담백해서 외물의 유혹에 얽매이는 것이 없어서 동정이 모두 안정된 것이다.

---

1) 『太上老子道德經集解』 45장이다.
2) 『太上老子道德經集解』 45장, 註: '動屬陽, 靜屬陰. 故躁勝寒, 靜勝熱, 然皆未免於一偏, 而有所對待. 若夫淸靜者, 則御六氣之變, 乘天地之正, 東未嘗動. 靜未嘗靜, 而動靜一致矣. 故爲天下正.'

○ 右第二十一章. 因上章躁靜之義 而言淸靜之正 恐人之偏於靜也.

이상은 제21장이다. 위 장에서 조급하게 움직이고 고요하게 있다는 뜻에 대하여 청정에 있는 바름을 말하였으니 정에 치우칠까 염려되기 때문이다.

✦제22장[1]✦
청정자수 淸靜自修

知者는 不言ㅎ고 言者는 不知니
(도를) 아는 사람은 말하지 않고, 말을 하는 사람은 알지 못하니

 知道者,[2] '黙而識之,'[3] 有知輒言, 非知道者也.
 도를 아는 사람은 '말을 하지 않아도 그 이치를 알며' 아는 것이 있으면 바로 말하는 사람은 도를 아는 사람이 아니다.

塞其兌ㅎ며 閉其門ㅎ며
의욕의 말을 막고, 욕망의 입을 닫을 것이며

 '兌, 說也.'[4] 塞其兌者, 防窒意慾也. 問, 口也. 閉其門者, 淵黙自守也.
 '태兌는 말을 막다.'이다. 그 말을 막는다는 것은 의욕을 막는 것이다. 문

---

1) 『太上老子道德經集解』56장의 全文이다.
2) 『近思錄』권1「道體」: 程頤曰, "動靜無端, 陰陽無始. 非知道者, 孰能識之?" (동정은 끝이 없고 음양은 시초가 없나니, 도를 아는 자가 아니라면 누가 이런 이치를 제대로 알겠는가?) 하였다.
3) 『論語』,「述而 2」: 子曰 "黙而識之, 學而不厭, 誨人不倦 何有於我哉." 공자께서 말씀하셨다. (묵묵히 기억하며 배우기를 싫어하지 않으며 사람 가르치기를 게을리하지 않는 것이 이 중에 어느 것이 나에게 있겠는가.)
4) '兌, 說也'는 '말을 막다.'로 해석해야 한다.

悶은 입이다. 그 입을 닫는다는 것은 침묵하여 자신의 몸을 지키는 것이다.

挫其銳하며 解其紛하며 和其光하며 同其塵이 是謂 "玄同이니라"[5]
그 예리한 제기를 무디게 하여 얽혀 있는 이치를 풀어내며, 그의 빛나는 덕과 아름다운 행실을 함축하며 몸담고 있는 속세와 어울리는 것이다. 이것이 현묘한 도에 합일됨이다.

　　銳, 英氣也. 挫其銳者, 磨礱英氣, 使無圭角也. 紛, 衆理之肯綮也. 解其紛者, 明察肯綮, 迎刃而解也. 和光同塵者, 含蓄德美於中, 而不自耀立異於衆也. 玄, 妙也. 旣不隨俗習非, 而又非離世絶俗, 故曰玄同.
　　예銳는 영특한 재기才氣이다. 그 재기를 무디게 한다는 것은 영특한 재기를 갈아내어서 규각이 없도록 만드는 것이다. 분紛은 여러 이치가 얽혀 있는 것이다. 그 얽혀 있는 것을 풀어낸다는 것은 여러 가지 얽혀 있는 것을 잘 살펴서 칼을 가지고 해체한다는 것이다. 빛나는 것을 숨기고 세속과 함께한다는 것은 덕과 아름다움을 내면에 함축하여, 스스로 빛나는 것을 내세워 이어주며 대중들과 달리하는 것이다. 현玄은 현묘한 것이다. 이미 세속을 따르되 잘못된 것은 익히지 않고 더욱이 세속을 떠나서 세속을 끊지 않는 것이다. 그러므로 현동이라고 말한다.

故로 不可得而親이며 不可得而疎ㅣ며 不可得而利며 不可得而害며 不可得而貴며 不可得而賤이라 故爲天下貴니라

---

5) 현동玄同: 현묘한 도에 합일됨이다. 즉 도의 경지이다.

그러므로 도는 가까이할 수 없으며, 멀리할 수 없으며, 도를 이롭게 할 수 없으며, 해롭게 할 수 없으며, 존귀하게 여길 수 없으며, 천시할 수 없으며 그러므로 천하에 존귀한 것이다.

'君子周而不比,'[6] '和而不同,'[7] 出處合義, 動靜隨時, 豈世人之私情, 所能親疎利害貴賤者哉? 其所以然者, 以通乎道, 而無欲故也. 爲天下貴者, 是'天爵'[8]之良貴也.

군자는 보편적으로 사랑하되 치우치지 않고, 조화를 이루되 뇌동하지 않고, 출처(나아감과 물러남)가 의에 맞으며, 동정(움직임과 고요함)이 때에 맞으니, 어찌 세상 사람들이 사사로운 마음으로 친소·이해·귀천하는 것이 있겠느냐? 이는 도에 통달하여 사욕이 없기 때문이다. 천하의 존귀함이 된다는 것은 천작(하늘에서 받은 지위)의 훌륭한 존귀함이다.

○ 右第二十二章. 承上章而言淸靜自修之功, 而因言其效, 下二章 皆推說其效也.

이상은 제22장이다. 위 장을 이어 말하기를 밝고 고요하게 자신을 수양하는 공효를 말하면서 연이어 그 공효에 대하여 말하였다. 다음 두 장은 청정자수의 공효에 대하여 말하였다.

---

6) 『論語』,「爲政 14」: 子曰 "君子, 周而不比, 小人, 比而不周."

7) 『論語』,「子路 23」: 子曰 "君子, 和而不同, 小人, 同而不和."

8) 『孟子』,「告子 上」16장: 孟子曰, "有天爵者, 有人爵者, 仁義忠信樂善不倦, 此天爵也. 公卿大夫, 此人爵也." 맹자께서 말씀하시길, (천작이 있으면 인작이 있으니 인의와 충신을 행하고 선을 즐거워하며 게을리하지 않음이 이 천작이요. 공경과 대부는 이 인작이다.)

✦ 제23장 ✦
자수지공 自修之功

含德之厚는 比於赤子ㅣ니[1]
지극한 덕을 함유한 사람은 갓난아이와 견줄 수 있으니

> 含懷至德之人, 誠一無僞, 如 '赤子之心也.'[2]
> 지극한 덕을 함축한 사람은 진실하고 전일하여서 거짓이 없으니 갓난아이의 마음과 같다.

毒蟲이 不螫ᄒ며 猛獸ㅣ 不據ᄒ며 攫爲不搏ᄒᄂ니라[3]
이러한 사람은 독충이 쏘지 않으며, 맹수가 덮치지 않으며, 사나운 새가 할퀴지 않는다.

> 董氏曰: "全天之人, 物無害者."[4]
> 동사정이 말하기를: "천성을 온전하게 지닌 사람은 외물이 해치지

---

1) 『太上老子道德經集解』 55장이다.
2) 『孟子』, 「離婁 下」 12장: 孟子曰, "大人者, 不失其赤子之心者也."
3) 『太上老子道德經集解』 55장이다.
4) 『太上老子道德經集解』 55장, 註: '螫,音適. 攫, 厥縛反, 搏, 音博. 虛船觸舟, 雖偏不怨, 全天之人, 物無害者.'

않는다."

○ 右第二十三章.
　이상은 제23장이다.

제24장

전덕지효 全德之效

蓋聞호니 善'攝生'者는 陸行不遇兕虎ㅎ며 入軍不被'甲兵'ㅎ야 兕無所投其角ㅎ며 虎無所措其瓜ㅎ며 兵無所容其刃이니 夫何故오 以其無死地니라[1]

대저 듣자 하니 섭생(양생)을 잘하는 사람은 뭍으로 다녀도 외뿔소와 범을 만나지 않으며, 군대에 들어가더라도 병장기에 피해를 입지 않아서, 외뿔소가 뿔로 받을 곳이 없고, 범이 그 발톱으로 할퀼 수 없으며, 병기가 그 칼날을 용납할 수 없으니 양생을 잘하는 사람은 죽을 수 없는 것이다.

善攝生者, 全盡生理, 故所遇皆'正命,'[2] 必無一朝之患也. 或疑聖賢亦有未免禍患者, 曰"此只言其理而已, 若或然之變, 則有未暇論也."

섭생을 잘하는 사람은 살아가는 이치를 온전하게 발휘한다. 그러므로 만나는 것들이 모두 천도에 순응해서 천수대로 살아가는 것이니, 반드시 한순간의 환란이 없을 것이다. 간혹 성현도 환란을 면하지 못한 분이 있었다며 그것을 의심한다면 "이것은 다만 그 이치를 말했을 뿐이다. 만약 혹여 그러한 변고가 있다면 논란할 필요가 없다고 말한 것이다."

---

1) 『太上老子道德經集解』 50장이다.
2) 『孟子』, 「盡心 上」 2장: 孟子曰, "莫非命也, 順受其正. 是故, 知命者, 不立乎巖墻之下. 盡其道而死者, 正命也."

○ 右第二十四章. 與前章, 皆甲言全德之效. 七章所謂嗇以事天者, 其義止此.

이상은 제24장이다. 앞 장과 더불어 모두 덕을 온전히 한 효과를 거듭 말한 것이다. 7장에서 아끼고 거두어 하늘을 섬긴다는 것의 의미가 여기에 있다.

제25장
수기지극 修己之極

大道ㅣ 汎兮여 其可'左右ㅣ니'[1]
큰 도는 막힘이 없으니 이것은 왼쪽 오른쪽에서도 취할 수 있다.

    董氏曰: "汎, 無滯貌, 惟不麗於一物, 不離乎當處, 無處不有, 無時不然, 是以'左右逢其原也'."[2)3)]
    동사정이 말하기를: "범범은 막힘이 없는 모습이다. 오직 한 가지 사물에 걸리지 않으며 합당한 곳을 벗어나지 않아서 어느 곳이나 있지 않음이 없고, 어느 때나 옳지 않음이 없다. 그러므로 좌우에서 그 근원과 만난다.

萬物이 恃之以生而不辭ᄒ며 功成不名有ᄒᄂ니[4)]

---

1) 『太上老子道德經集解』 34장이다.

2) 『孟子』, 「離婁 下」 14장: 孟子曰, "君子深造之以道, 欲其自得之也. 自得之則居之安, 居之安則資之深, 資之深則取之左右逢其原. 故君子, 欲其自得之也." 맹자께서 말씀하시길, (군자가 깊이 나아가기를 道로써 함은 자득하고자 해서이니 자득하면 거함에 편안하고, 거함에 편안하면 이용함이 깊고, 이용함이 깊으면 좌우에서 취하여 씀에 그 근원을 만나게 된다. 그러므로 군자는 자득하고자 하는 것이다.) 朱子 註에 의하면 左右는 '身之兩旁 言至近而非一處也.'라고 하였다.

3) 『太上老子道德經集解』 34장 註: "汎, 通作泛, 無滯貌, 惟不麗於一物, 不離乎當處, 無處不有, 無時不然. 是以左右逢其原也."

4) 『太上老子道德經集解』 34장이다.

만물은 도에 의지하여 태어나고 사양하지 않으며 공효가 이루어졌어도 명예를 자신의 소유로 여기지 않는다.

　　萬物之資始生成, 莫非此道之流行, '體物不遺,'[5] 而不自有其能也.[6]
　　만물의 바탕이 비로소 생성되어, 이 도가 두루 행하지 않음이 없는 것이니, '만물을 낳으면 빠뜨리는 것이 없어' 스스로 그 능력이 있다고 하지 않는 것이다.

是以聖人이 終不爲大라 故能成其大니라[7]
이 때문에 성인은 끝내 위해하다고 여기지 않는다. 그러므로 그 위대함을 이룰 수 있는 것이다.

　　聖人'無我,'[8] 與道爲一, 故雖成如天之事功, 而終無自大之心, 此聖人之所以爲大也.
　　성인은 '자신을 사사롭게 여기지 않고' 도와 더불어 한 몸이 된다. 그러므로 비록 하늘과 같은 일을 이루었으나 끝까지 자신이 위대하다고 여기는 마음이 없으니 이것이 성인이 위대하다는 것이다.

---

5) 『中庸』 16장: '視之而弗見, 聽之而弗聞, 體物而不可遺.' (사물의 본체가 되므로 빠뜨릴 수 없는 것.)
6) 『太上老子道德經集解』 34장, 註: '物之所以資始, 生而不遺, 且不自有其能.'
7) 『太上老子道德經集解』 63장이다.
8) 『論語』, 「子罕 4」: 子絶四, '毋意, 毋必, 毋固, 毋我.' 朱子 註 '我는 私己也.'라 하였다.

○ 右第二十五章. 以聖人體道之大, 爲修己之極, 而起下章治人之設也.
　이상은 제25장이다. 성인이 도를 체득한 위대한 행실을 가지고 수기의 최종 목표로 삼아 다음 장의 치인의 설을 제기한 것이다.

제26장[1]
치인지도 治人之道

善建者는 不拔ᄒ며 善抱者ᄂ 不脫이니 子孫祭祀ㅣ 不輟이니라[2]
잘 세운 것은 뽑히지 않으며 잘 껴안는 것은 벗어나지 않으니 자손들의 제사가 끊이지 않는다.

 建中建極,[3] 是謂善建, '如保赤子,'[4] 是謂善抱.
 중도를 세우고 준칙을 세우는 것은 바로 잘 세우는 것이다. '갓난아이 보호하듯 하는 것을' 잘 안는다고 하는 것이다.
 溫公曰: "不拔者, 深根固蔕, 不可動搖, 不脫者, 民心懷服, 不可傾奪, 不輟者, 享祚長久, 是也."
 사마온공이 말하기를: "뽑히지 않는다는 것은 깊게 뿌리를 내리고 견고하게 엉키어 동요되지 않는 것이다. 벗어나지 않는다는 것은 백성

---

1) 『太上老子道德經集解』 54장이다.
2) 『太上老子道德經集解』 54장, 註: '惟道範圍天地, 流行古今, 該上下而不拔, 周萬化而不脫, 陰陽之相代. 故新之相易, 猶子孫相承而不窮也. 學者必先建中以立其本, 則實無所倚, 而不可拔, 抱一以專其受, 則實無所執, 而不可脫, 及德盛而利他, 則後覺之所宗, 乃至源深流長, 傳之後世, 愈久而愈親也.'
3) 건중건극建中建極 『書經』, 「虞書 大禹謨」: 요堯가 순舜에게 고할 적엔 다만 '允執厥中'을 말한다. 이제 순舜이 우禹에게 명할 적엔 또 그 소이所以를 미루어 자세히 말씀하였다. "人心, 惟危, 道心, 惟微 惟精惟一, 允執厥中."
4) 『大學』, 『傳 9장』: '康誥曰, 如保赤子, 心誠求之, 雖不中, 不遠矣. 未有學養子而后, 嫁者也.'

들이 마음에서 감복하여 앞다투어 빼앗지 않는 것이다. 멈추지 않는다는 것은 제사를 지내는 복이 장구한다는 것이 이것이다.

修之身 其德乃眞 修之家 其德乃餘 修之鄕 其德乃長 修之國 其德乃豊 修之天下 其德乃普[5]
자신이 도를 닦을 때에 그 덕이 참되다면 집안에서 닦았을 때 그 덕이 넉넉하고, 향리에서 닦았을 때 그 덕이 오래가고, 나라에서 닦았을 때 그 덕이 풍성하고, 천하에서 닦았을 때 그 덕이 널리 미치게 된다.

眞者,[6] 誠實無妄之謂也. 以眞實之理, 修身, 推其餘, 以治人, 家國天下, 不外乎是而已.
진眞 자는 성실하여 거짓이 없는 것을 이른다. 진실한 이치로 자신을 닦고 그 나머지를 미루어 다른 사람을 다스리고 집안을 다스리고 나라를 다스리고 천하를 다스리니 이것도 진실무망을 벗어나지 않는다.

溫公曰: "皆循本以治末, 由近以及遠也."
사마온공이 말하기를: "모두 근본을 행하여 말단을 다스리는 것은 가까운 것을 미루어 멀리 다스린다는 것이다."

---

5) 『太上老子道德經集解』 54장, 註: '眞則不僞也. 餘則綽然裕如也. 長者, 無不及也. 豊者, 無不足也. 普者, 無不徧也. 蓋道之眞, 以治身, 其緖餘以治人, 然修之身, 此理也. 推之國家天下, 不外乎是而已.'
6) 『近思錄』, 「爲學 3」: "'眞'者는 太極之眞也.'

○ 右第二十六章. 始言治人之道, 而推本於修身, 此下六章 皆申此章之義.

　이상은 제26장이다. 비로소 다른 사람의 다스리는 도를 말하였는데 그 자신을 닦는 데에 근본을 두어 미루어 나가는 것이다. 이 아래 여섯 장은 모두 이 뜻을 거듭 밝힌 것이다.

✦ 제27장 ✦
성인순리 聖人順理

聖人은 不積ㅎ야 旣以爲人이라 己愈有ㅎ며 旣以與人이라 己愈多ㅣ니라[1]
성인은 재물을 쌓지 않아서 이미 재물을 가지고 남을 위하여 덕을 많이 가지고 있으며, 이미 덕을 가지고 다른 사람에게 주었기 때문에 자신은 더욱 많이 갖게 된다.

　'聖人以己及人, 己立而立人, 己達而達人,'[2] '博施濟衆,'[3] 而於己未嘗有費, 其仁愈盛, 而其 '德愈不孤矣.'[4]
　성인은 자신의 마음을 미루어 다른 사람에게 미치니 자신이 똑바로 서고 싶으면 다른 사람을 세워주며, 자신이 달성하고 싶으면 다른 사람을 달성시키며, 널리 인을 베풀고 대중들을 구제하되 자기 자신을 위해 허비하지 않았으니 그의 인이 성대하면 성대할수록 그의 덕은 더욱 외롭지 않을 것이다.

---

1) 『太上老子道德經集解』81장이다.
2) 『論語』, 「雍也 28」: '不仁者, 己欲立而立人, 己欲達而達人, 能近取譬, 可謂仁之方也已.'
3) 『論語』, 「雍也 28」: "子貢曰, 如有博施於民而能濟衆, 何如, 可謂仁乎? 子曰, 何事於仁, 必也聖乎, 堯舜, 其猶病諸."
4) 『論語』, 「里仁 25」: "子曰, 德不孤, 必有鄰."

天之道는 利而不害ᄒ고 聖人之道는 爲而不爭이니라[5]
하늘의 도는 만물을 이롭게 하되 해치지 않으며 성인의 도는 백성들을 위하되 해치지 않는다.

天道只以'生物爲心'[6], 故利而不害, 聖人順理而無私, 故有所爲而不爭, 此聖人所以與天爲徒者也.

하늘의 도는 단지 '만물을 살게 하는 것을 마음으로 삼아' 이롭게 하되 해치지 않고 성인은 이치에 따라 행하고 사사로운 마음이 없기에 백성의 삶을 해치지 않는다. 이것이 성인께서 하늘과 더불어 한 무리가 되는 까닭이다.

○ 右第二十七章.
이상은 제27장이다.

---

5) 『太上老子道德經集解』81장이다.
6) 『近思錄』권1, 「道體」: '心生道也 有是心 斯具是形以生 惻隱之心人之生道也.' (심은 생도이다. 이 마음이 있어야 이 형체를 갖추어 생하니, 측은지심은 사람의 생도이다.) 이에 대하여 주자는 '心生道也, 謂天地以生物爲心, 而人得之以爲心者.' (마음이 생도라는 것은 천지가 만물을 낳는 것으로 마음을 삼는데 사람이 이를 얻어서 마음을 삼은 것을 말한다.)라고 하였다.

제28장[1]
성인지화 聖人之化

善行은 無轍'跡'[2]ᄒ고 善言은 無瑕謫ᄒ고 善計는 不用籌策ᄒᄂ니.
도를 잘 실천하는 사람은 자취가 없고, 훌륭한 말은 지적할 만한 허물이 없으며, 계획을 잘 세우는 사람은 주(산가지)책을 쓰지 않는다.

'從容中道,'[3] 而無跡可見, 發言爲法, 而武瑕可指, '不思而得,'[4] 而泛應曲當, 此'聖人之事'[5]也.
자연스럽게 도에 맞게 하면 드러날 만한 자취가 없고, 말을(말을 잘 하는 사람은) 하면 법도가 되어 지적할 만한 흠이 없으며, 생각하지 않아도(계획을 잘 세우는 사람은) 도리에 맞아 널리 응대하고 세세한 곳까지 합당하니 이것이 성인의 일이다.

是以聖人은 常善救人이라 故無棄人ᄒ며 常善救物이라 故無棄物ᄒ니 是謂

---

1) 『太上老子道德經集解』 27장이다.
2) '적跡' 자가 『太上老子道德經集解』에는 '적迹' 자로 되어 있다.
3) 『中庸』 20장: '誠者, 天之道也. 誠之者, 人之道也. 誠者, 不勉而中, 不思而得, 從容中道, 聖人也. 誠之者, 擇善而固執之者也.'
4) 『中庸』 20장: 위 내용과 같다. 中을 말하고자 함이다.
5) 『近思錄』, 「敎學 1」: 周濂溪 記, '惟中也者 和也 中節也 天下之達道也 聖人之事也.' (중은 화함이며 절도에 맞는 것이니 천하의 달도이며 성인의 일이라고 하였다.)

襲明이니라

이 때문에 성인은 항상 사람들을 잘 구원한다. 그러므로 사람들을 버리지 않고, 항상 만물을 잘 구제하므로 만물을 버리는 것이 없으니 밝은 도를 전습한다고 말하는 것이다.

'有敎無類'[6], 而人無不容, 物無不化, '以先知覺後知 以先覺覺後覺.'[7] 故其明傳襲無窮也.

성인이 가르침에 (선악)의 부류가 없어 사람들을 포용하지 않는 것이 없고 만물을 감화하지 않는 것이 없으니 먼저 아는 사람으로 아직 알지 못하는 사람을 깨우쳐주고 먼저 깨달은 사람으로 아직 깨닫지 못한 사람을 깨우쳐주니 그러므로 그 밝은 도는 전습이 되어 끝이 없는 것이다.

故善人은 不善人之師ㅣ오 不善人은 善人之資ㅣ니라

그러므로 잘하는 사람은 잘하지 못하는 사람의 스승이 되고 잘하지 못하는 사람은 잘하는 사람의 도움을 받아야 한다.

因其不善, 而敎之使善, 則我之仁愈大, 而施愈博矣, 此之謂善人之資也.

---

[6] 『論語』, 「衛靈公 38」: '有敎, 無類.' 朱子 註: '人性皆善, 而其類有善惡之殊者, 氣習之染也, 故 君子有敎, 則人皆可以復於善, 而不當復論其類之惡矣.' (사람의 性은 다 善하나 그 종류에 善과 惡의 다름이 있는 것은 기질과 습관에 물들기 때문이다. 그러므로 군자가 가르침이 있으면 사람이 모두 선으로 돌아올 수 있으나 다시 그 종류의 惡함을 늘 하는 것은 마땅하지 않다.)

[7] 『朱子語類』, 권23, 「論語五·爲政篇上」: '伊川說, '以先知覺後知, 以先覺覺後覺, 知是知此事, 覺是覺此理' 亦此意.'

夫善者, 吾與之, 不善者, 吾敎之, 則 '天下歸吾仁矣.'[8] '民吾同胞, 物吾與也'[9] 之義, 於此可見矣.

잘하지 못하는 것으로 인하여 가르침을 받아서 잘하도록 만들면 나의 인仁은 더욱 커지고 베푸는 것도 더욱 넓어지게 될 것이다. 이렇게 하는 것이 잘하는 사람에게 도움을 받는다고 하는 것이다. 저 사람이 잘하는 것을 인정하고 잘하지 못하는 것을 내가 가르쳐준다면 천하 사람들이 나의 인에 귀의할 것이다. 모든 백성은 나의 동포이며 사물은 나와 함께 한다는 뜻을 이 장에서 볼 수 있다.

○ 右第二十八章. 言聖人有善行善言善計, 故能化不善之人, 下章同此.

이상은 제28장이다. 성인은 실천을 잘하며 말을 잘하며 계획을 잘 세우기 때문에 잘하지 못하는 사람을 교화할 수 있다고 말하였으니 다음 장도 이와 같다.

---

8) 『論語』, 「顔淵 1」: '一日克己復禮, 天下歸仁焉.'

9) 『近思錄』 권2, 「爲學」: 장재(1020~1077) 호는 횡거橫渠. 「訂頑」(어리석음을 바로잡는다는 뜻)을 지었다. 程頤가 「西銘」으로 고쳤다. 橫渠先生作 「訂頑」 曰: "乾稱父, 坤稱母, 子玆藐焉, 乃混然中處. 故天地之塞, 吾其體, 天地之師, 吾其性. 民吾同胞, 物吾與也." (하늘을 아버지라 하고, 땅을 어머니라 한다. 나 이렇게 조그마한 존재이지만 혼연히 그 가운데 있다. 그러므로 천지에 가득 찬 것은 내가 그것을 몸으로 삼고, 천지를 거느리는 것은 내가 그것을 성으로 삼는다. 백성은 나의 동포요, 사물은 나와 함께 사는 무리이다.)

제29장[1]
선신지지 善信之至

聖人은 無常心ᄒᆞ야 以百姓心爲心ᄒᆞᄂᆞ니
성인은 일정하게 마음을 두는 것이 없어서 백성들의 마음을 자신의 마음으로 삼는다.

> 聖人於天下 無一毫私心 只因民心而已.
> 성인은 천하에 대하여 조금도 사심이 없고 단지 백성들의 마음을 따를 뿐이다.

善者를 吾善之ᄒᆞ며 不善者를 吾亦善之면 德善이오 信者를 吾信之ᄒᆞ며 不信者를 吾亦信之면 德新이니라
선한 사람을 내가 선하게 대하며 불선한 사람을 내가 선하게 만든다면 나의 덕은 선해지고, 진실한 사람을 내가 진실하게 대하며 진실하지 못한 사람을 내가 진실하게 만든다면 나의 덕은 진실하게 된다.

---

1) 『太上老子道德經集解』 49장이다.

'人之有生 同具此理,'[2] 聖人之於民, 莫不欲其善信. 故善信者, 吾旣許之, 不善不信者, 亦必敎之, 以善信爲期. 若棄而不, 則非所謂'德善'[3]'德信'[4]也.

宋徽宗曰: "舜[5]之於象所以善信者至矣."[6]

'사람이 태어나면서 모두 똑같이 이러한 이치를 구비하고 [성선지리 性善之理] 있으니' 성인은 백성들에 대하여 그들이 선하고 진실하기를 바라지 않은 적이 없었다. 그러므로 선하고 진실한 사람은 내가 이미 허여해 주고, 선하지 못하고 진실하지 못한 사람은 반드시 교화하여 선하고 진실하기를 기약하는 것이다. 만약 버리고 교화하지 않는다면 '자신의 덕은 선하고' '자신의 덕은 진실하다'고 말할 것이 아니다.

송나라 휘종이 말하기를: "순임금이 상에 대하여 선하고 진실하게 대한 것이 지극하였던 까닭이다."

---

[2] 『論語』, 「述而 7」, 朱子 註: '蓋人之有生 同具此理. 故, 聖人之於人, 無不欲其入於善, 但不知來學 則無往敎之禮.' (사람이 태어날 적에 똑같이 이 성리를 갖추었다. 그러므로 성인이 사람에 대하여 선에 들기를 바라지 않음이 없으나 다만 찾아와서 배울 줄을 모르면 가서 가르쳐주는 예는 없다.)

[3] 『근사록집해3』 권12 「警戒 2」 伊川先生曰, "德善日積, 則福祿日臻, 德踰於祿, 則雖盛而非滿, 自古隆盛, 未有不失道而喪敗者也." (德과 善이 날로 쌓이면 福祿이 날로 이르니, 德이 祿보다 더 많으면 비록 지위가 隆盛하더라도 가득 찬 것이 아니다. 예로부터 隆盛할 때에 道를 잃지 않고서 喪敗한 자는 있지 않다.) 『易傳 下同』, 泰卦九三傳에서도 伊川先生의 말씀이 보인다.

[4] 『書經』「畢命」: "王曰, 嗚呼父師! 邦之安危, 惟玆殷士, 不剛不柔, 厥德允修." 이에 대하여 채침蔡沈 註: "不剛, 所以保之; 不柔, 所以釐之. 不剛不柔, 其德信乎其修矣." (굳세지 않아야 보호하고, 유약하지 않아야 다스릴 수 있다. 굳세지도 않고 유약하지도 않아야 그 덕이 진실로 닦여질 것이다.)라고 하였다.

[5] 『書經』, 「虞書 舜典」: '帝曰, 格, 汝舜, 詢事考言 乃言 底可績, 三載, 汝陟帝位. 舜, 讓于德 弗嗣.' (요임금이 순에게 선양하셨으나 섭정 28년 만에 제위에 오르셨다.)

[6] 『太上老子道德經集解』 49장, 註: '御注云, 舜之於象, 所以善信者至矣.'

○ 右第二十九章.
　이상은 제29장이다.

+제30장+
무사치도 無事治道

將欲取天下而爲之면 吾見其不得已로다. 天下는 神器라 不可爲也ㅣ니 爲者 敗之ᄒᆞ며 執者失之니라.

천하를 취하여 인위적으로 다스리려고 하면 나는 그가 다스릴 수 없다는 것을 안다. 천하는 신명한 기물이기에 다스릴 수 없는 것이다. 인위적으로 다스리려 하면 패망하고, 집착하는 자는 잃게 되는 것이다.

天下, 乃'神明'之器也. 帝王之興, 自有'曆數,' 不可有心於取天下也. 欲

---

1) 『太上老子道德經集解』29장, 全文이다.
2) 『周易』,「繫辭下傳」2장1절: '古者包犧氏之王天下也, 仰則觀象於天, 俯則觀法於地, 觀鳥獸之文, 與(天)地之宜, 近取諸身, 遠取諸物, 於是, 始作八卦, 以通神明之德, 以類萬物之情.' (옛날 포희씨가 천하에 왕 노릇할 때에 우러러 하늘의 상을 관찰하고 굽어 땅의 법을 관찰하며, 새와 짐승의 문과 천지의 마땅함을 관찰하며, 가까이는 자신에게서 취하고 멀리는 사물에서 취하여 이에 비로소 팔괘를 만들어 신명의 덕을 통하고 만물의 정을 분류하였다.)
『周易』,「繫辭下傳」6장1절: 子曰, "乾坤, 其易之門邪, 乾, 陽物也, 坤, 陰物也, 陰陽合德, 而剛柔有體. 以體天地之撰, 以通神明之德." 공자께서 말씀하시길, (건·곤은 역의 문일 것이다. 건은 양물이고, 곤은 음물이니, 음·양이 덕을 합하여 강·유가 체가 있게 되었다. 이로써 천지의 일을 체행하며 신명의 덕을 통하였다.)
3) 『論語』,「堯曰 1」: "堯曰, 咨爾舜! 天之曆數, 在爾躬, 允執其中, 四海困窮, 天祿, 永終." 朱子 註: 曆數는 "帝王相繼之次第, 猶歲時氣節之先後也." 역수는 (제왕들이 서로 계승하는 차례이니 歲時와 節氣의 선후와 같은 것이다.)

爲天下者, 必敗, 欲執天下者, '必失'⁴⁾矣. 三代以上, 聖帝明王, 皆修身盡道, 而天下歸之, 非有心於天下者也. 後之帝王, 或有有心於天下而得之者, 此亦有天命存焉, 非專以智力求也.

천하는 바로 '신령스러운' 기물이다. 제왕이 일어나는 것은 자연스러운 '역수'가 있으니 천하를 취하는데 마음을 두어서는 안 된다. 천하를 인위적으로 다스리려고 하는 자는 반드시 패망하고 천하를 집착하려고 하는 자는 '반드시 잃게 되니' 삼대 이전의 명철한 제왕들은 모두 자신을 닦고 도를 극진하게 하여 천하 사람들이 귀의하게 된 것이지 천하를 다스리는 데에 마음을 두었던 것이 아니다. 후대의 제왕들은 혹 천하에 마음을 두어서 얻게 된 제왕도 있었으나 이것은 천명이 그에게 있었던 것이고 지혜와 무력으로 얻은 것은 아니다.

故物이 或行或隨ᄒ며 或煦或吹ᄒ며 或强或羸ᄒ며 或載或隳ᄒᄂ니

그러므로 (인위적으로 다스리면) 사물에 앞서기도 하고 뒤따르기도 하며, 따스하기도 하고 차갑기도 하며, 강하기도 하고 약하기도 하며, 이루기도 하며 무너지기도 한다.

董氏曰: "煦, 暖也 吹, 寒也 强, 盛也 羸, 弱也 載, 成也 隳, 壞也 有爲之

---

4) 『論語』,「衛靈公 32」: '子曰, 知及之, 仁不能守之, 雖得之, 必失之, 知及之, 仁能守之, 不莊以涖之則民不敬, 知及之.'

物 必屬對待, '消息盈虛,'⁵⁾ 相推不已."

동씨가 말하기를: "후후는 따뜻하다. 취취는 춥다. 강강은 강성하다. 이리는 위약하다. 재재는 이루다. 휴휴는 무너지는 것이다. 인위가 있는 사물은 반드시 대대(상대가 필요로 하는 관계)에 속하니 '사라지고 불어나며 가득하고 비는 것이' 서로 미루어서 그치지 않는 것이다."

是以聖人은 去甚去奢去泰니라
그러므로 성인은 심한 것, 사치한 것, 지나친 것을 제거한다.

去, 除也. 聖人之治天下, 因其'勢'⁶⁾而利導之, 因其材而篤焉, 只去其已甚者耳, 所謂"裁成天地之道, 輔相天地之宜, 以左右民者也."⁷⁾

거去는 제거하는 것이다. 성인이 천하를 다스리는 것은 그 '형세'에 따라서 이롭게 인도해 주고 그 재목에 따라서 돈독하게 하여주되 다만 너무 심한 것을 제거할 뿐이다. "천지의 도를 마름질하여 이루게 하고 천지의 의를 보상하여 백성들을 다스린다."고 말한 것이다.

---

5) 『莊子』, 「秋水」 2장: '年不可擧, 時不可止. 消息盈虛, 終則有始, 是所以語大義之方, 論萬物之理也. 消' (세월의 흐름은 막을 수 없으며 시간의 추이는 멈추게 할 수 없는지라 消滅하였다가 生息하고 가득 찼다가 텅 비게 되어 마치게 되면 곧 시작이 있으니 이것이 '작은 節義를 뛰어넘는' 커다란 正義의 方道를 말하고 '개개의 事物이 아닌' 만물 전체의 이치를 논하는 것이다.)

6) 『孟子』, 「公孫丑 上」 1장: '齊人, 有言曰, 雖有智慧, 不如乘勢, 雖有鎡基, 不如待時, 今時則易然의.' (지혜가 있어도 형세를 이용하는 것만 못하다.) 『孟子』, 「離婁 上」 2장: '今夫水, 搏而躍之, 可使過顙, 激而行之, 可使在山, 是豈水之性哉, 其勢則然也. 人之可使爲不善, 其性, 亦猶是也.' (형세에 의해 일시적으로 그렇게 된 것이다. 인간이 不善을 하게 되는 것도 그 성격이 또한 이와 같은 경우이다.)

7) 『周易』, 「泰卦」: 象曰, "天地交泰, 后以, 財(裁)成天地之道, 輔相天地之宜, 以左右民."

○ 右第三十章. 言以無事爲天下也.

이상은 제30장이다. 일 없음으로써 천하를 다스리라고 말한 것이다.

제31장
무위지화 無爲之化

以正治國하고 以奇用兵하고 以無事取天下하느니라[1]
정도를 가지고 나라를 다스리고 사도를 가지고 군대를 쓰고 무사無事로써 천하를 다스린다.

蘇氏[2]曰: "古之聖人, '柔遠能邇,'[3] 無意於用兵. 惟不得已, 然後有征伐之事. 故以治國爲正, 以用兵爲奇, 夫天下神器, 不可爲也. 是以體道者, 無心於取天下, 而天下歸之矣."[4]

---

1) 『太上老子道德經集解』 57장이다.
2) 소씨蘇氏(1039~1112)는 蘇轍이다. 자는 자유子由, 호는 영빈穎濱, 시호는 문정文定. 북송시대 문인. 아버지 소순, 형 소식, 三蘇 중 한 사람이다.
3) 『書經』, 「虞書 舜典」 16장: '咨十有二牧, 曰, 食哉惟時, 柔遠能邇, 惇德允元, 而難任(壬)人, 蠻夷, 率服.' (12목에게 물으시어 말씀하였다. 곡식은 때(농사철)를 잘 맞추어야 하니, 멀리 있는 자를 회유하고 가까이 있는 자를 길들이며 덕이 있는 자를 후대하고 어진 자를 믿으며 간사한 자를 막으며, 蠻夷도 거느리고 와서 복종할 것이다.)
『詩經』, 「大雅 生民之十·民勞」: '民亦勞止, 汔可小康, 惠此中國, 以綏四方, 無縱詭隨, 以謹無良, 式遏寇虐, 憯不畏明, 柔遠能邇, 以定我王.' (백성이 또한 수고로운지라, 거의 조금 편안하게 해야 할 것이니, 이 중국(서울)을 사랑하여, 사방을 편안히 할지어다. 함부로 부정함을 따르지 마라, 무량(不良)한 사람을 단속하며, 구학하는 자가, 일찍이 明命을 두려워하지 않음을 막아야, 멀리 있는 자를 편안하게 하고 가까이 있는 자를 길들여, 우리 왕을 안정시키리라.)
4) 『太上老子道德經集解』 57장, 註: '文定云, 古之聖人, 柔遠能邇, 無意於用兵, 惟不得已, 然後有征伐之事. 故以治國爲正, 以用兵爲奇, 夫天下神器, 不可爲也. 是以體道者, 惟廓然無事, 雖無心於取天下, 而天下歸之矣.'

소철이 말하기를: "옛날의 성인들은 먼 지방에 있는 사람을 회유하고 가까이 있는 사람은 안무를(편안하게) 하여주며 군사를 쓸 때에 뜻이 없었고 부득이한 뒤에 정벌하는 일이 있었다. 그러므로 나라를 다스리는 것은 나라를 잘 다스리는 것을 정도로 삼았고 군사를 쓰는 것을 사도로 여겼다. 천하를 다스리는 것은 신명한 기물이니 인위적으로 다스릴 수 없다. 이 때문에 도를 체득한 사람은 천하를 얻으려는 마음이 없는데도 천하 사람들이 귀의하는 것이다.

愚按, "成湯非富天下, 爲匹夫匹婦復讎, 而東征西怨,"[5] 是也.

내가 생각하건대, "성탕 임금은 천하의 부를 얻기 위해서가 아니라 평범한 백성들을 위해 복수를 해주었는데도 동쪽으로 정벌을 나가면 서쪽 사람들이 원망하였다."는 것이 이것이다.

天下애 多忌諱호면 而民彌貧호고 人多利器호면 國家滋昏호고 人多伎巧호면 奇物滋起호고 '法令滋彰호면 盜賊多有'[6][7]호느니라

천하에 금기시하는 것이 많으면 백성들은 더욱 가난해지고, 사람에게 편리한 기물이 많으면 국가는 더욱 혼란해지고, 사람이 기교가 많으면 기특한 물건이 더욱 많아지고, 법령이 더욱 늘어나게 되면 도적은 더욱 많아진다.

---

5) 『書經』, 「商書·仲虺之誥」에 成湯의 내용이 자세하다. 『孟子』, 「滕文公 下」 5장: 孟子曰, "湯, 居亳, 與葛爲隣 …… 爲其殺是童子而征之, 四海之內 皆曰, 非富天下也. 爲匹夫匹婦, 復讐也. 湯 始征, 自葛載, 十一征而無敵於天下, 東面而征, 西夷怨, 南面而征, 北狄怨, 曰: 奚爲後我!"
6) 法令滋彰, 盜賊多有; 하상공 주: 「백서본」, 「죽간본」에는 '法令'이 '法物'로 되어 있다. 이때의 物은 예컨대 '얻기 어려운 재화를 귀하게 여기지 말라[不貴難得之貨]' 할 때의 의미와 통한다.
7) 『太上老子道德經集解』 57장이다.

蘇氏曰: "人主多忌諱 下情不上達 則民貧困 而無告矣. 利器 權謀也 上下相欺以智 則民多權謀 而上益眩而昏矣 奇物 奇怪異物也 人不敦本業 而趨末伎 則非常無益之物作矣 患人之詐僞 而多出法令以勝之 民無所措手足 則日入於盜賊矣."

소철이 말하기를: "임금이 금기하는 것이 많아서 아랫사람의 정이 위에 이르지 못하면, 백성들은 빈곤하게 되어도 하소연할 곳이 없게 된다. 편리한 기물奇物이라는 것은 권모술수이다. 윗사람과 아랫사람이 기략을 가지고 서로 속이게 되면 백성들은 권모술수가 많아지고 윗사람은 현혹됨이 많아서 이치에 어둡게 된다. 기물은 기괴하고 남다른 물건이다. 백성들이 본업을 힘쓰지 않고 말단의 기예를 쫓으면 범상치 아니한 쓸데없는 기물을 만들게 된다. 사람들이 속이고 거짓을 행하는 것을 근심해서 많은 법령을 만들어서 감당하려고 하면 백성들은 수족을 둘 곳이 없어지니 나날이 도적의 무리에 들어가게 된다.

故로 聖人云ᄒ샤듸 我無爲而民自化ᄒ며 '我無事而民自富ᄒ며 我好靜而民自正'[8]ᄒ며 我無欲而民自樸이라ᄒ시니라.[9]

그러므로 성인이 이르시기를 내가 인위적으로 다스리는 것이 없으니 백성들이 자연스럽게 감화되었으며, 내가 일삼는 일이 없었더니 백성들이 자연스럽게 부유하고, 내가 고요하게 있었더니 백성들이 자연스럽게 바르게 되었으며 내가 바라는 것이 없었더니 백성들이 자연스럽게 순박하

---

8) 『도덕경』 57장의 '我無爲而民自富와 我好靜而民自正'의 배열이 바뀌었다. '民自正'이 앞에 있고 '民自富'가 뒤따른다.

9) 『太上老子道德經集解』 57장이다.

게 되었다.

 董氏曰: "此自然之應 而無爲之成功也."
 동사정이 말하기를: "이것은 모두 자연스러운 감응이고 무위의 효과를 이룬 것이다."

其政悶悶ᄒᆞ면 其民淳淳ᄒᆞ고[10]
그 정사가 너그럽고 어질어 세심하게 살피지 않으면 그 백성들은 순박하게 되고

 悶悶 寬仁不察之象也.
 민민민민은 너그럽고 어질어 세심하게 살피지 않는 모습이다.
 董氏曰: "爲政以德 則不察察於齊民 以俗觀之 若不事於事 然民實感自然之化 乃所以爲淳和之至治也."[11]
 동사정이 말하기를: "덕을 가지고 정사를 다스리면 백성을 다스림에 세심하게 살피지 않는 것이니 세속의 입장에서 살펴본다면 일을 일삼지 않는 것과 같다. 그러나 백성들은 실로 자연스러운 교화에 감응하는 것이니 이것이 바로 백성들을 순박하고 화평하게 만드는 지극한 방법이다." 하였다.

---

10) 『太上老子道德經集解』 58장이다.

11) 『太上老子道德經集解』 58장 註: '悶, 叶音 莫奔切, 寬裕無爲之象, 夫有德者, 其於義分, 莫不截然明白, 而其量則寬洪. 故爲政以德, 則不察察於齊民, 雖以俗觀之, 若不事於事, 然民實感自然之化, 乃所以爲淳和之至治也.'

其政察察ㅎ며 其民缺缺이니라[12]
그 정사가 지나치게 세세하고 빈틈이 없으면 그 백성들이 야박하고 거짓을 행하게 된다.

董氏曰: "不知修德爲本 而專尙才智 欲以刑政齊民 則必有所傷 故缺缺也."[13]
동사정이 말하기를: "덕을 닦는 것을 근본으로 삼아야 함을 알지 못하면 오로지 재지만을 숭상하며 형정을 가지고 백성을 다스리게 되면 반드시 해치는 것이 있게 된다. 그러므로 야박하고 거짓을 행하게 된다." 하였다.

禍兮福之所倚오 福兮禍之所伏이니 孰知其極이리오[14]
재앙은 경복이 의지하는 곳이고, 경복에는 재앙이 잠복하여 있으니, 누가 그 끝을 알겠는가?

'一治一亂 氣化盛衰 人事得失'[15] 反復相因 莫知所止極 而惟無爲者 能治也.

---

12) 『太上老子道德經集解』 58장이다.
13) 『太上老子道德經集解』 58장 註: '惟不知修德以爲爲政之本, 以專尙才智, 乃欲以刑政齊民, 然民未可以遽齊, 苟務在於必齊, 則必有所傷. 故缺缺也. 此所謂害生於恩, 禍福倚伏, 正猶是矣.'
14) 『太上老子道德經集解』 58장이다.
15) 『孟子』, 「滕文公 下」 9장: '公都子曰, 外人 皆稱夫子好辯, 敢問何也, 孟子曰, 予豈好辯哉, 予不得已也. 天下之生, 久矣, 一治一亂.' 朱子 註: '生, 謂生民也. 一治. 一亂, 氣化盛衰, 人事得失, 反覆相尋, 理之常也.' 이는 天地運數의 盛衰와 君主의 정치에 대하여 잘잘못을 말한 것이다.

한 번 다스려지고 한 번 난세가 되니 기화가 융성하고 쇠퇴하며, 사람의 일은 잘되고 잘못되는 것이 반복해서 서로 원인이 되니 끝이 나는 바를 알지 못하지만 오직 무위하는 사람만이 잘 다스릴 수 있다.

○ 右第三十一章. 承上章而言無爲之化也.
이상은 제31장이다. 위 장을 이어서 무위의 감화에 대하여 말하였다.

제32장
무위지의 無爲之義

不言之敎와 無爲之益은 天下希及之니라[1]
말하지 않아도 교화가 이루어지고 무위의 유익함은 천하에 미치는 자가 드물다.

聖人不言, 而體道無隱, 與天象昭然, 常以示人, 此謂不言之敎也. 無所作爲, 物各付物, 而萬物各得其所, 此謂無爲之益也.

성인은 말을 하지 않아도 도와 한 몸이 되고 숨김이 없어 하늘의 모습처럼 밝아서 항상 사람들에게 보여주니, 이것을 말하지 않아도 교화라고 이른다. 아무것도 작위적인 행위가 없지만 사물이 각각 이치에 따라 행하게 되면 만물은 각각 제자리를 얻게 되는 것이며 이것을 무위의 유익함이라 말한다.

○ 右第三十二章. 申上章無爲之義, 而結之, 夫以無爲治人, 亦嗇之義也. 推設二十六章之義者, 止此.

이상은 제32장이다. 위 장에서 무위에 대하여 거듭 말하여서 결론을 맺었으니 무위를 가지고 사람을 다스리는 것도 색(아끼며 거두어들인

---

1) 『太上老子道德經集解』 43장이다.

다)의 뜻이다. 26장의 뜻을 미루어 설명하는 것을 이 장에서 마친다.

제33장[1]
치인지설 治人之說

以道佐人主者는 不以兵'强'[2]天下ᄒᆞᄂᆞ니 其事好還이라 師之所處애 荊棘生焉ᄒᆞ며 大軍之後애 必有凶年이니라

도를 가지고 임금을 보좌하는 사람은 병력을 가지고 천하의 강자 노릇하지 않으니 세상의 일은 행한 그대로 되돌아오기 때문이다. 군대가 주둔하였던 곳은 가시나무가 자라고 대군이 지나간 뒤에는 반드시 흉년이 든다.

宋徽宗曰: "'孟子所謂反乎爾者,'[3] 下奪民力, 故荊棘生焉, 上干和氣, 故有凶年."[4]

송 휘종이 말하기를: "맹자가 말한 '너에게 되돌아간다.'고 한 것이니

---

1) 『太上老子道德經集解』30장 전문이다.
2) 강'强'자가 『太上老子道德經集解』30장에는 모두 강'彊'으로 되어 있다.
3) 『孟子』, 「梁惠王 下」 12장: '孟子對曰, 凶年饑歲, 君之民, 老弱, 轉乎溝壑, 壯者, 散而之四方者, 幾千人矣, 而君之倉廩實, 府庫充, 有司莫以告, 是 上慢而殘下也.' 曾子曰: '戒之戒之. 出乎爾者, 反乎爾者也. 夫民, 今而後, 得反之也, 君無尤焉.' 증자께서 말씀하시기를 (경계하고 경계하라. 너에게서 나온 것이 네게로 돌아간다 하셨으니, 백성들이 지금에서야 되갚음을 한 것이니, 군왕께서는 허물하지 마소서.
4) 『太上老子道德經集解』30장, 註: '御註曰, 孟子所謂反乎爾者, 下奪民力. 故荊棘生焉, 上干和氣. 故有凶年.'

아래로 백성의 힘을 소모시켰기 때문에 가시나무가 자라게 되며, 위에서 화평한 기운을 범하여 흉년이 드는 것이다."

故善者는 果而已오 不敢以取強ᄒᆞᄂᆞ니
그러므로 전쟁을 잘하는 사람은 병란을 구제할 따름이고 감히 (병력)강성함으로 명성을 취하지는 않는다.

　　董氏曰:"兵固有道者之所不取, 然天生'五材,'[5] 亦不可去, 譬水火焉, 在乎善用. 惟以止暴濟難, 則果決於理而已, 何敢取強於天下哉?"[6]
　　동사정이 말하기를: "병력은 진실로 도를 지닌 사람이 취할 바가 아니다. 그러나 하늘이 오재를 내었으니 또한 버릴 수 없는 것이다. 비유하면 불이나 물과 같아서 잘 운용하는 데 달려 있다. 오직 폭력을 막고 병란을 구제하는 것이라면 과감하게 이치에 결행할 따름이니 어찌 감히 천하에서 강성하다는 명성을 취하겠는가?"

果而勿矜ᄒᆞ며 果而勿伐ᄒᆞ며 果而勿驕ᄒᆞ며 果而不得已니 是果而勿強이니라
병란을 구제하였으되 자만하지 말고, 병란을 구제하였으되 자랑하지 말

---

5) 오재五材는 '金·木·水·火·土'이다. 태공의 『육도六韜』 논장19에서는 오재를 '용勇, 지智, 인仁, 신信, 충忠'이라 말하였다.

6) 『太上老子道德經集解』 30장, 註: '已音以下並同, 兵固有道者之所不取, 然天生五材, 亦不可去, 譬水火焉, 在乎善用, 惟以止暴濟難, 則果決於理而已, 凡理義之在我, 則所守者不屈矣, 春秋傳曰: 殺敵爲果, 言殺敵者, 令不相侵而已, 何敢取彊於天下哉.'

며, 병란을 구제하였으되 교만하지 말고, 병란을 구제하였으되 부득이한 경우에 병력을 사용할 것이니 이것이 병란을 구제하였으되 강성하다는 명성을 취하지 말라는 것이다.

董氏曰: "果以理勝, 强以力勝, 惟果. 則有必克之勢, 初非恃力好戰. 故臨事而'懼'[7] 好謀而成, '不得已'[8]而後應之, 勿强而已."

동사정이 말하기를: "병란을 구제하는 것은 이치로써 승리하는 것이고 강성하다는 것은 무력으로써 승리하는 것이다. 병란을 구제하는 것은 반드시 이길 수 있는 형세에 있는 것이니 애당초 무력을 믿고 전쟁을 좋아하는 것이 아니다. 그러므로 일에 임하여서 조심하고 계획을 세우기 좋아하여 일을 이루고 어쩔 수 없는 이후에 대응하는 것뿐이고 강성하다는 명성을 취하지 말아야 할 것이다."

物'壯'[9]則老ㅣ라 是謂不道ㅣ니 不道는 무리니라
사물이 장성하여 극에 이르면 노쇠하게 된다. 이것이 도에 부합되지 않는다고 이른다. 도에 부합되지 않는 일은 일찍 그만두어야 한다.

---

7) 『論語』,「里仁 21」: 子曰, "父母之年, 不可不知也, 一則以喜, 一則以懼."
『論語』,「述而 10」: 子曰, "暴虎馮河, 死而無悔者, 吾不與也, 必也臨事而懼, 好謀而成者也."
『論語』,「子罕 28」: 子曰, "知(智者)不惑, 仁者不憂, 勇者不懼." '구懼'는 『論語』에서 가져온 것이다.

8) '부득이不得已'는 '어쩔 수 없어서'이다. 이 말이 『孟子』에 두 번 나오는데「梁惠王 下」14장과「滕文公 下」9장이다.

9) '장壯'은 도교의 근본이 장생이므로 '장성하다.'이다. 동사정의 주에 '物壯極則老'(초목이나 금수가 장성하여 극에 이르면 노쇠하게 되는 것이다.)라고 되어 있다.

董氏曰: "'物壯極則老, 兵强極則敗, 皆非合道, 宜早知止.'[10] 此章謂輔相以道 則人心愛戴 而用兵爭强 不足服人."

동사정이 말하기를: "사물이 장성하여 극에 이르면 노쇠하게 되며 군대가 강성하게 되면 패망하게 되니 이것은 모두 도에 부합되는 것은 아니니 마땅히 일찍 그만두어야 한다. 이 장에서는 이른바 도를 가지고 보상하면 백성들이 마음으로 받들지만, 군대를 써서 강성함을 다투게 되면 백성들을 복종시킬 수 없다."

○ 右第三十三章. 上章旣盡治人之說 而兵亦有國之勢不能去者 故言用兵之道 宜果而不務强 且宜早知止 下章亦同.

이상은 제33장이다. 위 장에서 이미 사람을 다스리는 학설에 대하여 이미 모두 말하였으나 군대도 또한 나라를 소유하는 형세에 있어 버릴 수 없는 것이다. 그러므로 군대를 쓰는 방도는 마땅히 병란을 구제하되 강성함에 힘쓰지 않고 또한 마땅히 일찍 그만둘 줄 알아야 한다. 다음 장도 이와 같다.

---

10) 『太上老子道德經集解』30장, 註: '物壯極則老, 兵彊極則敗, 故兵之恃彊, 則不可以全其善勝, 物之用, 適所以速其衰老, 皆非合道, 宜早知止.'

제34장[1]
무심 無心

夫佳兵은 不祥之器라 物'或'[2]惡之ᄒᆞᄂᆞ니 故有道者不處ㅣ니라

병력을 잘 운용하는 것은 좋지 못한 일이다. 사람들은 언제나 병력을 잘 운용하는 사람을 싫어한다. 그러므로 도를 지닌 사람은 병력을 잘 운용하는 데에 마음을 두지 않는다.

　董氏曰: "佳兵者, 用兵之善者也. 兵終爲凶器, 惟以之濟難, 而不以爲常. 故不處心於此也."[3]

　동사정이 말하기를: "가병佳兵은 병력을 잘 운용하는 것이다. 병력은 끝까지 흉기가 되는 것이니 오직 병란을 구제하는 데에 운용하고 항상 행하지는 않는다. 그러므로 도를 지닌 사람은 여기에 마음을 두지 않는다.

　愚按, 孟子曰: "善戰者 服上刑"[4] 亦此意也.

　내가 살펴보건대, 맹자가 말하기를: "전쟁을 잘하는 사람은 상형(사형)을 받아야 한다." 말하였으니 또한 이것을 의미한다.

---

1) 『醇言』 34장은 『太上老子道德經集解』 31장이다.
2) '혹惑'은 '언제나'라는 뜻이다.
3) 『太上老子道德經集解』 31장, 註: '惡,去聲. 處, 上聲, 下同. 佳兵者, 用之善者也. 然兵終爲凶器, 凡有知覺之物, 猶且惡而避之, 況有道者乎, 惟以之濟難, 而不以爲常. 故不處心於此也.'
4) 『孟子』, 「離婁 上」 14장: '故, 善戰者服上刑, 連諸侯者次之, 辟草萊任土地者次之.'

君子ㅣ 居則貴左ᄒᆞ고 用兵則貴右ᄒᆞᄂᆞ니
군자는 평소에는 왼쪽을 중요하게 여기고, 병력을 사용할 때는 오른쪽을 중요하게 여긴다.

董氏曰: "左爲陽 陽好生 右爲陰 陰主殺."
동사정이 말하기를: "왼쪽은 양이 되니 살리기를 좋아하고, 오른쪽은 음이 되니 죽이는 것을 좋아한다."

兵者ᄂᆞᆫ 不祥之器라. 非君子之器니 不得已而用之ᅟᅵᆫ댄 '恬'[5]惔이 爲上이니 勝而不美니라
병기는 상서롭지 못한 기물이다. 군자가 지닌 기물이 아니니 어쩔 수 없이 병기를 사용할 때에는 마음을 편안하게 갖고 기운을 온화하게 하는 것이 최상이지만 이겨도 아름답게 여기지 않는다.

勝而不美 雖勝戰 而不以爲美也.
이겨도 아름답게 여기지 않는 것은 비록 전쟁에 승리하여도 그것을 아름답게 여기지 않는다는 것이다.
董氏曰: "惔 安也 好生惡殺 而無心於勝物也."
동사정이 말하기를: 담惔은 마음을 편안하게 갖는 것이다. (군자는) 살리기를 좋아하고 죽이는 것을 싫어하여서 상대를 이기는 것에 마음을 두지 않는 것이다.

---

5) '염恬'은 원본에는 '활活'로 되어 있는데,『太上老子道德經集解』에는 恬으로 되어 있다.

而美之者는 是樂殺人이니 夫樂殺人者는 不可得志於天之下ㅣ니라[6]

그런데도 전쟁에 이기는 것을 아름답게 여기는 사람은 사람을 죽이는 것을 좋아하는 것이니, 사람 죽이기를 좋아하는 사람은 천하에 자신의 뜻을 얻을 수가 없는 것이다.

勝戰而以爲美者 是嗜殺者也.

전쟁에 승리하고서 그것을 아름답게 여기는 사람은 바로 사람을 죽이기를 좋아하는 것이다.

孟子曰: "不嗜殺人者 能一之"[7] 亦此意也.

맹자가 말하기를: "사람 죽이기를 좋아하지 않는 사람이 천하를 통일시킬 수 있다."라고 말하였으니 또한 이것을 뜻하는 것이다.

○ 右第三十四章.

이상은 제34장이다.

---

6) 『太上老子道德經集解』 31장, 註: '樂, 去聲. 惟不嗜殺人者, 爲能得天下之志'

7) 『孟子』,「梁惠王 上」 6장: 孟子見梁惠王, 出語人曰, '望之不似人君, 就之而不見所畏焉, 卒然問曰 天下惡乎定. 五對曰, 定于一. 孰能一之, 對曰, 不嗜殺人者, 能一之. 孰能與之?'(맹자께서 양혜왕을 만나보시고, 나와 사람들에게 말씀하였다. '바라보아도 人君 같지 않고, 그 앞으로 나아가도 두려워할 만한 바를 발견할 수 없었는데' 갑자기 묻기를 "천하가 어디에 정해지겠습니까?" 하거늘, 내가 대답하기를 "한 곳에 정해질 것입니다." 하였노라. "누가 능히 통일시키겠습니까?" 하고 묻거늘 "사람 죽이기를 좋아하지 않는 자가 능히 통일할 수 있습니다." 하고 대답하였노라. "누가 그에게 돌아가겠습니까?" 하고 묻거늘)

제35장[1]
왕도지효 王道之效

以道莅天下ㅣ면 其鬼不神ᄒᆞᄂᆞ니 非其鬼不神이라 其神이 不傷民이오 非其神不傷民이라 聖人이 亦不傷民이니 夫兩不相傷이라, 故로 德交歸焉이니라

도를 가지고 천하를 다스리면 귀신이 영력을 부리지 못한다. 귀신이 영력을 부리지 못할 뿐만 아니라 백성들을 해치지 못한다. 귀신이 백성을 해치지 못할 뿐만 아니라 성인도 백성을 해치지 않는 것이다. 성인이나 귀신이 백성을 해치지 않기 때문에 귀신이나 성인의 은덕이 모두 백성들에게 돌아가는 것이다.

聖人之治天下 人神各得其道 陰陽和 而 "萬物理"[2] 無有邪氣干其間 故鬼神[3]

---

1) 『醇言』35장은 『太上老子道德經集解』60장이다.
2) 『大戴禮記』권48, 「보부」: '易曰, 正其本, 萬物理; 失之毫釐, 差之千里. 故君子愼始也.'라고 하였다. (『주역』에서 그 근본을 바르게 하면 모든 일이 다스려지고, 터럭만큼이라도 어긋나면 천 리 멀리 차이가 난다.) 했다.
3) 『論語』, 「雍也 20」: '樊遲問知(智), 子曰, 務民之義, 敬鬼神而遠之, 可謂知矣.'
『論語』, 「述而 20」: 子, '不語怪力亂神.' (공자께서는 鬼神에 관해서는 말씀을 하지 않으셨다.)
『論語』, 「泰伯 21」: "子曰, 禹吾無間然矣. 菲飮食, 而致孝乎鬼神, 惡衣服, 而致美乎黻冕, 卑宮室, 而盡力乎溝洫, 禹吾無間然矣."

無眩怪之變 此謂其鬼不神也 豈有鬼怪傷民者乎? '聖人之治'[4] 不傷於民 故人神肯悅 衆德交歸如此.

성인이 천하를 다스리면 사람이나 귀신이 각각 올바른 도를 얻어 음양이 조화를 이루고 만물이 잘 다스려지니 사악한 기운이 그 사이에 끼어들지 못하게 된다. 그러므로 귀신이 현혹하는 괴이한 변고가 없는 것이니 이것을 귀신이 영력을 부리지 못한다고 하는 것이다. 어찌 귀신이 괴이한 변고로 백성을 해치는 것이 있겠는가? 성인의 다스림은 백성의 삶을 해치지 않는다. 그러므로 사람이나 귀신이 모두 즐거워서 많은 은덕이 모두 이와 같이 귀결되는 것이다.

列子曰: "物無疵癘 鬼無靈響"[5] 是也.

열자가 말하기를: "만물에 흠결이 없는 것은 귀신의 영력이 부리는 영향이 없는 것이다." 한 것이 이것이다.

朱子曰: "若是王道修明 則不正之氣 都消鑠了."[6]

주자가 말하기를: "이와 같이 왕도가 밝게 시행되면 바르지 못한 기

---

4) 『孔子家語1』, 卷中 제31편 형벌과 정치: '仲弓問於孔子曰, 雍聞至刑無所用政. 至政無所用刑, 至刑無所用政은 桀紂之世是也. 至政無所用刑은 成康之世是也. 信乎?' 孔子曰, '聖人之治化也, 必刑政相參焉.' (중궁이 공자에게 물었다. "제가 듣기로, 지극히 악독한 형벌에는 정치를 쓸 것이 없고, 지극히 훌륭한 정치에는 형벌을 쓸 것이 없으니, 지극히 악독한 형벌로 정치를 쓸 것이 없었던 때는 桀王과 紂王의 시대가 그러하였고, 지극히 훌륭한 정치로 형벌을 쓸 것이 없었던 때는 成王과 康王의 시대가 그러하였다고 하는데, 진실로 그러합니까?" 공자가 대답하였다. "성인께서 다스리고 교화할 때에는 반드시 형벌과 정치를 섞어서 사용하였다.")

5) 『列子』, 「黃帝」: '陰陽常調, 日月常明, 四時常若, 風雨常均 字育常時 年穀常豊, 而土無札傷, 人無夭惡, 物無疵厲, 鬼無靈響焉.'

6) 『朱子語類』권3, 「鬼神」: '問, '道理有正則有邪, 有是則有非, 鬼神之事亦然, 世間有不正之鬼神 謂其無此理則不可.' 曰, 老子謂, '以道莅天下者, 其鬼不神, 若是王道修明, 則此等不正之氣, 都消鑠了.'

운은 모두 소멸된다."

愚按, 後世崇尙佛老 廣張淫祀 '寺觀'[7]相望 必欲使其鬼有神 眞此書之罪人也 治世者 旣不能禁 又從而惑之 豈不悖哉?

내가 살펴보건대, 후세 사람들이 불교와 도교를 숭상하여 지나치게 제사를 확장하여 지내고 '사찰과 도관'이 서로 바라보니 반드시 그 귀신으로 하여금 영력을 부리기를 바라고 있으니 참으로 이 책의 죄인이다. 세상을 다스리는 사람이 이미 금지시키지 못하고 더욱이 좇아서 현혹되고 있으니 어찌 이치에 어긋나는 일이 아니겠느냐?

○ 右第三十五章. 言王道之效 至於人神各得其所 七章所謂嗇以治人者 其義止此.

이상은 제35장이다. 왕도 정치의 효과가 사람과 귀신이 각각 제자리를 얻는 데까지 이르게 됨을 말한 것이다. 7장에서 말한 색[節省]을 바탕에 두어서 사람을 다스린다고 한 것, 그 의미가 이 장의 뜻이다.

---

7) '사관寺觀'은 '절과 도관(도교)'을 말함이다.

✦ 제36장 ✦
신시선종 愼始善終

合抱之木이 生於毫末ᄒᆞ며 九層之臺ㅣ 起於累土ᄒᆞ며 千里之行이 始於足下ᄒᆞᄂᆞ니[1]

아름드리 큰 나무는 털끝만한 싹에서 나오며, 구층의 높은 누대는 흙을 다져 쌓는 데서 시작되며 천 리를 가는 행보는 발밑에서 시작된다.

此設'喩'[2], 言凡大事必始於細微也.[3]

이 장은 비유를 설정해서 모든 큰일은 미세한 일에서 시작됨을 말한 것이다.

圖難於其易ᄒᆞ며 爲大於其細니 天下難事ㅣ 必作於易ᄒᆞ며 天下大事ㅣ 必作於細니라[4]

어려운 일은 그 일이 쉬웠을 때 도모하며, 큰일은 그 일이 하찮았을 때

---

1) 『太上老子道德經集解』 64장이다.
2) '유喩'는 무엇을 비유한 것인가? ①큰일은 그 일이 하찮았을 때부터이며 ②어려운 일은 쉬운 데서 시작되는 것을 말함이다.
3) 『太上老子道德經集解』 64장, 註: '此設喩之辭也, 謂當志立乎事物之表, 而敬行乎事物之內, 致知力行, 趣實務本, 不遺於細微, 不忽於卑近, 修以縝密, 養以悠久, 則庶乎小者可以大, 下者可以高, 而遠者可以到矣, 然於此, 苟有一毫謀利計功之心先入, 則於道反爲無補. 故下文歷陳之也.'
4) 『太上老子道德經集解』 63장이다.

시작했으니, 천하의 어려운 일은 반드시 쉬운 데서 시작되고, 천하의 큰 일은 하찮은 데서 시작된다.

善惡, 皆由'積漸'[5]而成. 若以細事爲微而忽之, 以易事爲無傷而不愼, 則細必成大, 易必成難, 言當愼之於始, 而慮其所終也.

선과 악은 모두 조금씩 쌓이는 것으로 말미암아 이루어지는 것이니 만약 하찮은 일을 이미 작다고 하여 소홀히 여기고, 쉬운 일을 해가 없다고 여겨서 조심하지 않으면 하찮은 일은 반드시 큰일이 되고 쉬운 일은 반드시 어렵게 될 것이다. 그러니 마땅히 시작할 때 조심하게 대하여서 일을 끝맺는 것을 고려해야 한다.

夫輕諾이면 必寡信하고 多易면 必多難이니[6]
허락을 가볍게 하면 반드시 신뢰가 적고, 쉽게 여기는 일이 많으면 반드시 어려운 일이 많게 된다.

不愼於始, 則後必有悔.
시작할 때 조심하지 않으면 뒤에 반드시 후회하게 된다.

---

5) 『近思錄集解』권1, 1장: 濂溪先生曰, '無極而太極.' 問無極而太極, 固是一物, 有積漸否, 曰, 無積漸, 無極者, 無形, 太極者, 有理.
『大學衍義4』卷25 「格物致知之要(三)·審治體德刑先後之分」, 25-5-나: '孔子曰, "聽訟 吾猶人也 必也使毋訟乎 爲人主者 莫如先審取舍" …… 皆以積漸然, 不可不察也. 人主之所積, 在其取舍.' (孔子께서 말씀하시기를, "訟事를 審理하는 것은 내가 남과 같겠지만 기필코 송사하는 일이 없어지도록 하겠다."라고 하였습니다. …… 모두 쌓는 것으로써 차츰차츰 그렇게 된 것이니 잘 살펴 알지 않아서는 안 됩니다. 군주가 쌓는 것은 취하고 버리는 데 달려 있습니다.)

6) 『太上老子道德經集解』 63장이다.

是以聖人은 猶難之라 故終無難이니라[7]

이 때문에 성인은 쉬운 일에도 오히려 어렵게 여긴다. 그러므로 끝내 어려움이 없는 것이다.

聖人於易事 猶難愼 故終無難濟之事也.[8]

성인은 쉬운 일에 대하여 오히려 어렵게 여기고 조심한다. 그러므로 끝내 이루기 어려운 일이 없는 것이다.

其安은 易持며 其未兆는 易謀ㅣ며 其脆는 易破ㅣ며 其微는 易散이니 爲之於未有ᄒᆞ며 治之於未亂이라[9]

그 편안한 마음은 유지하기 쉬우며, 그 조짐이 아직 드러나지 않으면 도모하기 쉬우며, 그 무른 것은 깨뜨리기 쉬우며, 그 하찮은 것은 흩트려 놓기 쉬우니, 아직 일이 있기 이전에 실행하려 하고 어렵기 이전에 다스려 나아가야 한다.

凡事愼始 則終必無患 在修己 則爲'不遠而復'[10] 在爲國 則爲'迨天未雨

---

7) 『太上老子道德經集解』 63장이다.

8) 『太上老子道德經集解』 63장, 註: '聖人生知安行, 固不待勉而後能, 然豈忽之乎哉. 蓋德量平等, 齊小大, 一多少, 無所不謹, 無所不難. 故終無難濟之事也. 此又致勉乎學者, 不可有一毫忽易之心, 則爲之勇, 守之固, 愼終如始, 故亦無難矣.'

9) 『太上老子道德經集解』 64장이다.

10) 『易經』, 「復卦」: 初九曰, '不遠復, 无祗悔, 元吉.' 「傳」, '復者, 陽反來復也. 陽, 君子之道, 初, 剛陽復來, 處卦之初, 復之最先者也, 是不遠而復也.'
『近思錄』권5, 「克己 4」: 復之初九曰, '不遠復, 无祗悔, 元吉.' 傳曰: '陽, 君子之道. 故復爲反善之義. 初, 復之最善者也, 是不遠而復也.'

綢繆牖戶'[11]之意.

모든 일을 처음부터 조심하면 끝내 반드시 근심이 없을 것이니 자신을 닦는 데 있어서 머지않아서 회복하고 나라를 다스림에 있어서는 아직 장마가 이르기 전에 창문과 문을 단단하게 고정한다는 뜻이다.

○ 右第三十六章. 言愼始善終之意 以盡修己治人之道 蓋足其未足之義也.

이상은 제36장이다. 시작을 삼가면 끝맺음을 잘한다는 뜻을 말하므로 수기와 치인의 도를 극진히 하였으니 대개 이것은 자신에게 부족한 것을 충족시키라는 뜻이다.

---

11) 『孟子』,「公孫丑 上」 4장: 詩云, '迨天之未陰雨, 徹彼桑土, 綢繆牖戶, 今此下民, 或敢侮予' 孔子曰, '爲此詩者, 其知道乎, 能治其國家 誰敢侮之.' 『詩經』,「豳風·鴟鴞篇」이니 周公이 지은 것이다.

제37장

천도복화 天道福禍

勇於敢則殺이오 勇於不敢則活이로딕 此兩者ㅣ 或利或害ᄒᆞ니 天之所惡를 孰知其故ㅣ리오 是以聖人이니 猶難之니라[1]
과감하여야 할 곳에 용감하면 죽게 되고 과감하지 않아도 되는 곳에 용감하면 살게 된다. 이 두 가지 가운데 혹은 이롭고 혹은 해롭기도 하니 하늘이 싫어하는 것을 누가 그 연유를 알겠는가? 이 때문에 성인이 오히려 어렵게 여긴다.

'剛强'[2]者 死之'徒'[3] '柔弱'[4]者 生之徒 是常理也 或有時而反常 强利弱害 則天之所惡 難曉其故 聖人猶難言也 雖然要其終 則未終少失 故下文歷陳之.
굳세고 강한 것은 죽을 방도이고 부드럽고 약한 것은 사는 방도이니

---

1) 『太上老子道德經集解』 73장이다.
2) '강강·彊(强)'은 '내강·외강'을 뜻한다.
3) '도徒'는 道의 의미이다.
4) 강유강유는 『書經』, 홍범구주洪範九疇의 "六三德, 一曰正直, 二曰剛克, 三曰柔克, 平康正直, 彊弗友剛克, 燮友柔克, 沈潛剛克, 高明柔克." 여섯 번째인 삼덕三德에서 온 말로, 홍범에 이르기를 (여섯 번째 세 가지 덕은, 첫째는 정직함이요, 둘째는 강함으로 이기는 것이요, 셋째는 유순함으로 이기는 것이니, 평강은 정직한 것이요, 강하여 불순한 자는 강함으로 이기고, 유순한 자는 유순함으로 이기고, 침잠한 이는 강함으로 이기고, 고명한 이는 유순함으로 이긴다.) 하였다.

이것이 일상적인 이치이다. 때로는 상도常道와 반대가 되어서 강한 것이 이롭고 약한 것이 해를 받기도 하니, 하늘이 싫어하는 것은 그 연유를 알기 어려운 것이다. 성인도 오히려 말하기 어렵게 여기는 것이다. 비록 그렇기는 하지만 그 결말을 보면 처음부터 작은 잘못도 없으니, 그러므로 다음 글에서 차례로 말하였다.

天之道는 不爭而善勝하며[5]
하늘의 도는 다투지 않아도 잘 이기며

   溫公曰: "任物自然, 而'物莫能違'."[6]
   사마온공이 말하기를: "(하늘의 도는) 만물의 자연에 맡겨서 만물이 어기지 못하는 것이다."

不言而善應하며[7]
(하늘의 도는) 말하지 않아도 잘 호응하며

   董氏曰: "'天何言哉? 四時行焉.'[8] 其於福善禍淫之應, 信不差矣."

---

5) 『太上老子道德經集解』73장이다.
6) 『續東文選』卷之15 「序·養花小錄序[姜希孟]」: '然其屈伸矯揉, 敷榮頓挫, 在我而物莫能違, 不過順其性而全其天耳.' (그러나 그것을 굽히며 펴고, 바로잡으며 휘며 펴나가 번영하게 하며 주저앉혀 꺾어지게 하는 것을 내 마음대로 하면, 물건이 이에 어기지 못하는 것은, 그의 본성을 따르며 그의 자연을 온전히 하는 것뿐이다.)
7) 『太上老子道德經集解』73장이다.
8) 『論語』, 「陽貨19」: 子曰, '天何言哉, 四時行焉, 百物, 生焉, 天何言哉.'

동사정이 말하기를: "하늘이 무슨 말을 하던가? 사시가 잘 운행되며 선한 사람에게 복을 주고 악한 사람에게 화를 내리는 데 있어서 진실로 어긋나지 않는다."

不召而自來하느니[9]
(하늘의 도는) 부르지 않아도 저절로 오게 하나니

董氏曰: "'神之格思'[10] 本無向背, 如暑往則寒來, 夫召而後至哉?"[11]
동사정이 말하기를: "신이 이르는 것은 본래 지향하거나 배척하는 것이 없으니 이를테면 더위가 가면 추위가 오는 것과 같다. 저 어찌 부른 이후에 오겠느냐?"

天網恢恢하야 疎而不失하느니라[12]
하늘의 그물이 넓고 넓어서 성근 듯이 하나 빠트리지 않는다.

董氏曰: "要終盡變然後, 知其雖廣大, 而微細不遺也."[13]

---

9) 『太上老子道德經集解』 73장이다.
10) 『中庸』 16장: 子曰, '鬼神之爲德, 其盛矣乎. 視之而弗見, 聽之而弗聞, 體物而不可遺. 使天下之人, 齊明盛服, 以承祭祀, 洋洋乎如在其上, 如在其左右.' 詩曰: '神之格思, 不可度思, 矧可射思. 夫微之顯, 誠之不可揜, 如此夫.' 『詩經』, 「大雅 抑篇」이다. (귀신의 강림을 헤아리지 못하면서 더구나 싫어하고 불경할 수 있으랴.)라고 한 것이다.
11) 『太上老子道德經集解』 73장, 註: '神之格思, 本無向背, 如暑往則寒來, 夫豈待召而後至哉?'
12) 『太上老子道德經集解』 73장이다.
13) 『太上老子道德經集解』 73장, 註: '蓋要終盡, 然後知其雖廣大, 而微細不遺也. 失惑作漏.'

동사정이 말하기를: "결말을 바라보고 변화를 모두 포용한 연후에 하늘이 광대하지만 미세한 것도 빠트리지 않음을 알 수 있다."

民不畏威면 則大威至ᄒᆞ느니라[14]
백성들이 하늘의 위세를 두려워하지 않으면 큰 위세가 이르게 된다.

民當'畏威如疾,'[15] 若不畏威, 則必有可畏之大威至矣. 不可以天道爲無知也.
백성들은 마땅히 질병처럼 위정자를 두려워해야 하는데 만약 위세를 두려워하지 않으면 반드시 두려워할 만큼의 큰 위세가 있을 것이니, 이 천도가 아는 것이 없다고 여겨서는 안 된다.

○ 右第三十七章. 言天道福善禍淫之理, 以爲戒下章同此.
이상은 제37장이다. 하늘의 도는 선한 사람에게는 복을 주고 악한 사람에게는 화를 준다는 이치를 말하여서 경계를 삼게 한 것이다. 아래 장도 이와 같다.

---

14) 『太上老子道德經集解』 72장이다.
15) 『國語』 「晉語 4」: '畏威如疾 民之上也 從懷如流 民之下也 見懷思威 民之中也.'라는 관중管仲의 말을 발췌한 것이다. (하늘의 위엄을 질병 보듯 두려워하는 자는 사람 중에 상등이요, 남의 회유에 따르기를 물 흐르듯 하는 자는 사람 중에 하등이요, 회유를 당했을 때 하늘의 위엄을 생각하는 자는 사람 중에 중등이다.) 『小學』 「敬身」에도 보인다.

◆제38장◆
휴영익겸 虧盈益謙

天之道ㅣ 其猶張弓乎ᄂ뎌 高者抑之ᄒ고 下者擧之ᄒ며 有餘者損之ᄒ고 不足者與之ᄒᄂ니 天之道ᄂ 損有餘而補不足이니라[1]

하늘의 도는 아마도 활시위를 당기는 것과 같을 것이다. 시위가 높으면 낮추어 주고 낮으면 올려주고 활시위 줄이 여유가 있으면 줄여주고 줄이 부족하면 늘려주는 것이니, 하늘의 도는 넉넉한 것은 덜어내고 부족한 것은 보완해 준다.

董氏曰: "天道無私 常適乎中 故'滿招損 謙受益時 乃天道.'"[2]

동사정이 말하기를: "하늘의 도는 사사로운 것이 없어서 항상 중도에 맞게 한다. 그러므로 '자만하는 자는 손해를 부르고 겸손한 자는 이익을 얻게 하니 이것이 바로 하늘의 도'이다."

天道無親ᄒ야 常與善人ᄒᄂ니라[3]

하늘의 도는 가까이하는 것이 없고 항상 선한 사람을 돕는다.

---

1) 『太上老子道德經集解』 77장이다.
2) 『書經』, 「大禹謨」: '滿招損, 謙受益, 時乃天道.' (가득 차면 줄어들게 하고 겸손하면 이익을 얻게 하니, 이것이 바로 하늘의 도이다.)라고 했다.
3) 『太上老子道德經集解』 79장이다.

書曰: "'皇天'[4]無親 克敬惟親"[5] 卽此意也.

서경에 "위대한 하늘은 가까이하는 것이 없고 능히 공경하는 사람을 가까이할 뿐이다." 하였으니 바로 이 뜻이다.

○ 右第三十八章. 與上章, 皆言天道, 而天道虧盈益謙而已, 亦不出嗇之義也.

이상은 제38장이다. 위 장과 함께 하늘의 도를 말하였는데 하늘의 도는 가득 찬 것을 덜어내 겸손한 것에 더해 줄 뿐이니 역시 아끼어 거두어들임의 의미를 벗어나지 않는다.

---

4) 『書經』,「蔡仲之命」에 있는 말이다.
5) 『書經』,「太甲 下」: 伊尹이 太甲에게 고한 말이다. "嗚呼, 惟天無親, 克敬惟親, 民罔常懷, 懷于有仁, 鬼神無常享, 享于克誠, 天位難哉." (아! 하늘은 친히 하는 사람이 없이 능히 공경하는 자를 친하시며, 백성들은 항상 그리워하는 사람이 없이 인이 있는 자를 그리워하며, 귀신은 항상 흠향함이 없이 능히 정성스러운 자에게 흠향하니, 천자의 지위란 어려운 것입니다.)

제39장[1]
권권위인 悓悓爲人

吾言이 甚易知며 甚易行이로되 而天下ㅣ 莫能知ㅎ며 莫能行ㅎㄴ니
나의 말은 매우 알기 쉬우며 매우 실천하기 쉬운데 천하 사람들이 알지 못하며 실천하지 않는다.

性本固有, '道不遠人,'[2] 指此示人, 宜若易知易行, 而賢智過之, 愚 '不肖'[3] 不及, 所以莫能知莫能行也.

본성은 본래 갖고 있는 것이고 도는 사람을 멀리하지 않는다. 이것을 가지고 사람들에게 보여주면 마땅히 쉽게 알고 쉽게 실천할 것 같은데 현자와 지자는 너무 지나치게 하고 어리석고 불초한 자는 미치지 못하니 그러므로 알지 못하고 행하지 못하는 것이다.

---

1) 『太上老子道德經集解』 70장의 全文이다.
2) 『中庸』 13장: '道不遠人, 人之爲道而遠人, 不可以爲道.' (도는 사람에게서 멀리 있지 않으니, 사람이 도를 행하면서 사람을 멀리한다면 도라고 할 수 없다.)
3) 丹朱: 중국 고대 요(堯) 임금의 아들. 불초不肖하여 왕위를 잇지 못하고, 순舜 임금 때 당후唐侯로 봉해짐. 순 임금의 손님이란 뜻으로 우빈虞賓이라 불림. 『擊蒙要訣』, 「입지장」: '變不肖爲賢'(불초한 것은 바꾸어 어질게 만들 수 있음.) 不肖는 닮지 못했다는 뜻으로 자식이 아버지를 닮지 못한 경우를 일컫는데 보통 자신을 낮출 때 쓰는 표현이다.

言有宗이오 事有君이어늘
나의 말은 종주가 되는 말이 있고 군왕이 되는 것이 있는데

 言以明道, 事以行道, 隨言隨事, 各有天然自有之中, 乃所謂'至善'[4]而言之宗也. 事之君也.
 말로써 도를 밝히고 일로써 도를 행하니 말하고 일하는 것마다 각각 자연스럽게 소유한 중도가 있는 것이니 이른바 지극히 선하여서 말의 종주가 되고 일의 군왕이 된다고 말하는 것이다.

夫唯無知라 是以不我知니라
다만 사람들이 도를 아는 것이 없으니 이 때문에 나를 알아보지 못한다.

 衆人於道無識見 故終寔'我知'[5]也.
 보통 사람들은 도에 식견이 없다. 그러므로 끝내 나를 알아보지 못하는 것이다.

知我者希ᄒ며 則我者貴니
나를 알아보는 사람이 드물며 나를 알아보는 사람이 귀하니

---

4) 『大學』, 3강령: '明明德, 新民, 至於至善.'이다. (지극한 선에 이르는 데 있다.) '皆當止於至善之地而不遷.'(모두 지극한 선의 경지에 머물러 옮겨 가지 않아야 한다.)
5) 『孟子』,「公孫丑 上」: '敢問夫子 惡乎長 曰我知言 我善養吾浩然之氣 敢問何謂浩然之氣 曰難言也.'

溫公曰: "道大 故'知者鮮'[6]也."[7]

사마온공이 말하기를: "도는 위대하기 때문에 알아보는 사람이 드물다."

是以聖人은 被褐懷玉이니라
이 때문에 성인은 거친 베옷을 입고 있지만 속에 옥을 품고 있다.

內蘊至德 而不求人知 如被褐衣 而懷寶玉也.
내면에 지극한 덕을 지니고 있으나 사람들이 알아주기를 구하지 않으니 마치 거친 베옷을 입고 있으나 옥을 품고 있는 것과 같다.

○ 右第三十九章. 歎人之莫知 而悼道之難行 是終篇惓惓爲人之意也.
이상은 제39장이다. 사람들이 알아주지 않는 것을 탄식하면서 도가 행하여지기 어려운 것을 애석하게 여겼으니 종편에서는 사람들을 위하는 간절한 뜻이 있다.

---

[6] 『大學』「序」: '三千之徒, 蓋莫不聞其說, 而曾氏之傳, 獨得其宗. 於是作爲傳義以發其意. 及孟子沒, 而其傳泯焉, 則其書雖存, 而知者鮮矣.' (3000명의 제자가 대개 모두 공자의 학설을 들었지만, 증자가 전한 것이 유일하게 그 핵심을 깨우쳤다. 이에 전의를 지어서 그 뜻을 밝혀내었다. 맹자가 세상을 떠나자 그가 전한 것이 사라졌으니, 그 책이 비록 존재하였으나 아는 사람은 드물었다.)

[7] 『太上老子道德經集解』70장, 註: '道大 故知者鮮.'

✦제40장✦
솔성지도 率性之道

大道ㅣ 甚夷어눌 而民이 好徑ᄒᆞᄂᆞ니라[1]
큰길은 매우 평탄한데도 사람들은 좁은 지름길을 좋아한다.

'道若大路, 豈難知而難行哉.'[2] 只是民情牽於私意求捷徑 而不遵大路耳.
도는 큰길과 같은데도 어찌 알기 어렵고 행하기 어렵다고 하는가?
다만 이것은 사람들의 마음이 사사로운 생각에 이끌려서 빠른 지름길을
찾고 큰길을 따라가지 않을 뿐이다.

○ 右第四十章. 承上章而言人之不能知不能行者, 由不知率性之道, 而妄求
捷徑故也. '屈原'[3]曰: "夫惟捷徑而窘步."[4] 亦此意也.

---

1) 『太上老子道德經集解』53장이다.

2) 『孟子』, 「告子 下」 2장: '夫道若大路然, 豈難知哉? 人病不求耳, 子歸而求之, 有餘師.' (道는 大路와 같으니, 어찌 알기 어렵겠는가? 사람들이 구하지 않는 것이 병통일 뿐이니, 그대가 돌아가 찾는다면 남은 스승이 있을 것이다.)

3) 굴원屈原: 전국시대 초나라 사람 성은 미芈, 이름은 평平 또는 정칙正則, 자는 原이다. 초회왕楚懷王 때 왕의 신임을 얻어 삼려부까지 되었으나 정적들의 참언에 강북으로 추방되자, 長沙에 있는 멱라수汨羅水에 투신한다. 중국의 전통 명절 단오절은 굴원을 기리는 날이다. 저서는 『離騷』, 『漁父詞』 등이 있다.

4) 『古文眞寶』, 屈原, 「離騷」: '彼堯舜之耿介兮, 旣遵道而得路. 何桀紂之昌披兮, 夫唯捷徑以窘步.' (요순의 현명하고 지조 있음이여! 이미 도를 따라 길을 얻었기 때문이네. 어째서 걸주가 그리 서둘렀는가? 오직 지름길로 걸음을 재촉하였기 때문이네.) 하는 문장이 있다.

이상은 제40장이다. 위 장에 이어서 사람들이 알지 못하고 행하지 못함은 본성을 따르는 길을 알지 못함으로 말미암아 빠른 지름길을 찾기 때문이라고 한 것이 이런 것이다. 굴원이 말하기를: "오직 지름길을 찾아 재촉하기 때문이네." 하니 또한 이 뜻이다.

　　右醇言, 凡四十章. 首三章言道體, 第四章言心體, 第五章揔論治己治人之始終. 第六章七章, 以損與嗇爲治己治人之要旨, 自第八章止十二章, 皆推廣其義. 第十三章因嗇字, 而演出三寶之說, 自十四章止十九章, 申言其義. 二十章言輕躁之失, 二十一章言淸靜之正, 二十二章推言用功之要, 二十三章四章申言其全天之效, 二十五章言體道之效, 二十六章止三十五章言治人之道及其功效. 三十六章言愼始慮終, 防於未然之義. 三十七章八章言天道福善禍淫虧盈益謙之理. 三十九章四十章歎人之莫能行道以終之.
　　大抵此書以無爲爲宗, 而其用無不爲, 則亦非溺於虛無也. 只是言多超詣, 動稱聖人, 論'上達處多, 論下學處少,'5) 宜接上根之士, 而中人以下, 則難於下手矣. 但其言克己窒慾, 靜重自守, 謙虛自牧, 慈'簡'6)臨民之義, 皆親切有味, 有益於學者, 不可以爲非聖人之書, 而莫之省也.
醇言終.

---

5) 『中庸』,「讀中庸法」: '中庸, 多說無形影, 說下學處少, 說上達處多, 若且理會文義, 則可矣.' (중용은 形影이 없는 것을 많이 말하여 下學(人事)을 설명한 부분이 적고 上達(天理)을 말한 부분이 많으니 우선 글 뜻을 理會한다면 가할 것이다.) 또 『論語』,「憲問 37」: '子曰, "不怨天, 不尤人, 下學而上達, 知我者, 其天乎!" 이에 대하여 朱子 註: 又曰, "下學上達, 意在言表." 又曰, "學者須守下學上達之語, 乃學之要, 蓋凡下學人事, 便是上達天理, 然習而不察, 則亦不能以上達矣."

6) 『論語』,「雍也2」: 仲弓問子桑伯子, 子曰 "可也 簡." 仲弓曰 "居敬而行簡 以臨其民 不亦可乎 居簡而行簡 無乃大簡乎."

이상은 순언 40장이다. 처음 3장은 도체를 말하였고, 4장은 실체를 말했으며, 5장은 수기와 치인의 처음과 끝을 총괄적으로 말하였다.

6장과 7장은 '덜어냄'과 '수렴'을 수기와 치인의 요지로 삼았으며, 8장부터 12장까지는 모두 그 의미를 미루어 넓혔다.

13장은 '아끼고 덜어내'는 글자를 가지고 '삼보'의 설을 부연하여 이끌어냈으며, 14장부터 19장까지는 그 의미를 거듭 말하였다.

20장은 가벼움과 조급함에서 생기는 실책을 말하였고, 21장은 청정의 바름을 말하였고, 22장은 공부하는 요점을 미루어 말하였다.

23장과 24장은 하늘을 온전하게 한 효과를 거듭 말하였고, 25장은 도를 체득한 효과를 말하였으며, 26장부터 35장까지는 치인의 방법과 그 효과를 말하였다.

36장은 시작부터 조심하여 끝맺음을 생각해야 함을 말하였으니 미연에 방지하라는 의미이다.

37장과 38장은 하늘의 도가 선한 것에 복을 주고 지나친 것에 화를 내리며 충만한 것을 덜어내고 겸손한 것은 더해 주는 이치를 말하였다.

39장과 40장은 사람들이 아무도 도를 행하지 못하는 것을 한탄하면서 책을 마쳤다.

대체로 『순언』은 무위를 종지로 삼았지만 그 효용은 행하지 못하는 것이 없으니 또한 허무에 빠지는 것을 말한 것은 아니다. 다만 이 책에서 하는 말은 대부분 조회가 깊고 걸핏하면 성인을 칭하고 위로 천 리에 도달하는 것을 논한 것이 많고 아래로 인사를 배우는 논의가 적으니 마땅히 상근을 가진 선비는 접하기에 적당하나 중인 이하의 자질을 가진 선비는 공부에 착수하기가 어렵다.

다만 이 책에 있는 말은 자신의 사욕을 극복하고 인욕을 막으며 정중으로 고요하고 신중함으로 자신을 지켜서 겸허로 자신을 기르고 자애와 간략함으로 백성을 다스린다는 뜻에 대해서는 모두 친절하고 재미가 있어서 배우는 사람들에게 유익할 것이니 이 책을 성인이 남긴 책이 아니라 해서 이것을 살펴보지 않으면 안 된다.

순언을 마친다.

부록

- 율곡 이이의 생애와 사상
- 참고문헌
- 董思靖의 『太上老子道德經集解』

율곡 이이의 생애와 사상

생애

율곡(1536~1584)의 자字는 숙헌叔獻, 호號는 율곡栗谷·석담石潭·우재愚齋, 시호諡號는 문성文成, 본관은 덕수德水이다. 중종中宗 31년, 병신 12월 26일 외조부 신진사 명화 선생의 집에서 부친 이원수李元秀와 모친 사임당師任堂 (평산平山 신씨申氏)의 7남매의 다섯째로 강릉 외가의 별채인 오죽헌에서 출생하였다. 어렸을 때 이름은 현룡이라 하였는데 꿈에 용을 보았다는 의미에서 나온 것이다.

  6세(1541년, 중종36): 강릉 외가로부터 부친 이원수 선생과 모친 사임당 신씨를 따라 서울 수진방골로 이사하여 조모 홍씨의 품에 안긴다.
  7세(1542년, 중종37): 모친 사임당 신씨에게 비로소 학업을 받아 경사經史를 관통한다.
  8세(1543년, 중종38): 부모를 따라 선영이 있는 경기도 파주군 파평면 율곡촌 구택으로 이거하였다. 신동으로 소문났으며, 임진강의 화석정花石亭에서 지은 시가 유명하다.

林亭秋已晩 임정추이만	숲속 정자에 가을은 이미 깊어가는데
騷客意無窮 소객의무궁	홀로 앉은 이내 생각이 끝이 없도다
山吐孤輪月 산토고륜월	산은 외로이 바큇살의 달을 토吐해 놓고
江舍萬里風 강함만리풍	강은 만리 바람을 머금었네

遠水連天碧 원수연천벽	먼 물빛은 하늘에 닿은 듯 푸르고
霜楓向日紅 상풍향일홍	서리 맞은 단풍은 햇빛에 붉구나
塞鴻何處去 새홍하처거	변방 기러기는 어디로 가는가
聲斷暮雲中 성단모운중	소리는 저문 구름 속에 끊이도다

12세(1547, 명종2): 현룡이라는 아명 대신 구슬옥[玉] 자 변에 귀이[耳] 자의 이珥(귀막이옥이라고도 하고, 귀의 고리옥이라고도 함)라는 이름으로 부르게 된다.

13세(1548, 명종3): 진사초시에 장원으로 합격하였다. 문장이 날로 나아가고 달로 높아져 명성과 예문譽聞이 자자하였으나 조금도 흐트러짐 없이 진리의 학문에 전심을 다할 뿐이었다.

16세(1551, 명종6): 수진방골 집을 정리하고 삼청동으로 이사하게 되었다. 또한 이해 모친상을 당한다. 삼 년 여묘廬墓에 살 때 황강 검계 휘, 백호 임제, 구봉 송익필 등의 선생들로부터 위로를 받으며 '독서로 마음을 붙이고 효로써 효를 상하지 말라' 하고 사서오경四書五經·제자서諸子書를 연달아 보내주어 유가 서적을 아니 본 것이 없게 되었다.

19세(1554, 명종9): 금강산에 들어가 약 일년 동안 불교 공부에 정진한다. 이때 호를 의암義庵이라 하여 의암대사로 이름이 높았으나 나중에 율곡 선생이 고제高弟 사계沙溪 김장생金長生 선생이 해석하기를 '의義를 모두 모아 호연한 기운을 나타나게 하는 데 있었던 것이라' 하였다. 금강에 들어가 공空을 깨달아 정정定에 들어가는 금신金身이 되어 보기도 하고, 불멸의 정신으로 도에 들어가는 여래가 되어 보기도 하였다. 그러나 수도의 결과는 이치에 어긋난 듯하고 도리를 어지럽게 함을 깨닫게 되었다. 금강산은 네 가지의 이름이 있으니 봄은 금강이요, 여름은 봉래요, 가을은 풍악이요, 겨울은 개골이라 하여, 이때의 풍악기시楓岳記詩가 있다.

내가 풍악에 놀게 되었다. 하루는 깊은 골을 향하며 몇 마장을 걸어 들어가니 조그마한 암자가 있어 들어가 보니 한 노승이 정좌하고 있었다. 그런데 이 노승은 나를 보고도 일어나지 아니하고 또한 한마디 말이 없었다. 암자를 두루두루 살펴보니 물건도 없고 부엌에는 불을 지피지 아니한 지가 여러 날인 것같이 보였다. 이에 나는 노승에게 말을 붙였다. 노승은 웃고 대답하지 않았다.

율곡: 무엇을 먹고 요기하는가?
노승은 그제야 소나무를 가리켰다.
노승: 이것이 나의 양식이다.
율곡: 공자孔子와 석가釋迦는 누가 성인이라 생각하는가?
노승: 조대措大(청렴한 선비)는 노승을 속이지 말라.
율곡: 부도浮屠(불교·스님)는 오랑캐의 교敎다. 중국에는 시교할 수 없을 것이다.
노승: 순은 동쪽 오랑캐 사람이오. 문왕은 서쪽 오랑캐 사람이니 이것도 또한 오랑캐라 할 것이냐.
율곡: 내가 불도를 연구한 결과에 의하면 불가의 묘처가 우리 유도에서 지남이 없는 것 같다. 무슨 까닭에 유儒를 버리고 불佛을 구하는가?
노승: 유가에도 또한 마음이 곧 부처라는 말이 있는가?
율곡: 맹자가 성품이 착하다 함을 이를 때에는 말마다 반드시 요순을 칭하였으니 이 말이 곧 부처라는 말과 다름이 있으리오. 다만 유교는 도

리를 얻음이 있는 것이다. 노승은 나의 말을 긍정하지 아니하고 오래 있더니 빛도 아니오, 공空도 아니라는 것이 무슨 말인 줄 아는가?
하였다.
율곡: 이것은 또한 전경前境 즉 무위무사의 계가 이것일 것이다.
노승은 웃고 있을 뿐이었다. 나는 다시
율곡: 솔개[鳶]가 하늘을 날고 고기[魚]가 물에 뛰는 것, 이것이 빛이냐? 공空이냐?
노승: 빛도 아니오, 공도 아니다. 하는 것은 진여체眞如體를 말함이니 어찌 이러한 시전詩傳의 말로써 족히 비유가 되겠는가?
나는 웃고 말하였다.
율곡: 임이 언설言說이라 하는 것은 문득이 경계가 있나니 무엇을 일러 체라 하는가? 만약 그렇다 하면 유가의 묘처를 가히 말로 전할 수 없다 하겠고 불씨佛氏의 도는 문자 밖에 있을 수 없는 것이 아니냐!
나의 말을 들은 노승은 깜짝 놀라면서 나의 손을 잡고
노승: 그대는 속된 선비가 아니다. 나를 위하여 연어鳶魚를 해석하는 시를 지어주기를 바란다.
노승의 말에 응하여 나는 곧 절구를 지어주었다.

魚躍鳶飛上下同 어약연비상하동	물고기가 뛰고 솔개가 나는 것은 위아래가 같아라
這般非色亦非空 저반비색역비공	그것은 빛도 아니오 또한 공空도 아니네
等閒一笑看身世 등한일소간신세	등한히 한번 웃고 신세를 살피니
獨立斜陽萬木中 독립사양만목중	홀로 사양 만목 가운데에 서 있네

노승은 이 시를 받아 본 후 소매 속에 걷어 넣고 몸을 돌려 벽을 향하였다.

　　20세(1555, 명종10): 금강선방에서 여래의 학문을 접는다. 강릉 외가로 돌아와 외조모 이씨를 모시고 유도에 전심치지專心致知 하겠다는 자경문 17조를 저술하여 성현의 준칙을 삼았다. 그중에 몇 조를 살펴보면 이러하다.

　　제1조, 먼저 모름지기 그 뜻을 크게 하여 성인으로 준칙을 삼되 일호라도 성인의 미급함이 있으면 나의 일은 마쳤다고 할 수 없다.
　　제2조, 마음이 정한 자는 말이 적다. 마음이 정하면 말이 적어지기 시작하는 법이다.
　　제5조, 일을 잡으면 전일專一하라. 이것은 또한 정심의 공부가 되는 것이다.
　　제6조, 항상 홀로 있을 때에 삼가라. 이 생각을 가슴 가운데 두어 염념 불태한 일절의 사렴이 자연히 일어나지 아니할 것이다.
　　제12조, 항상 한 불의不義를 행하고 한 불고不辜를 죽여가지고 천하를 얻는다 할지라도 하지 아니한다면 뜻을 가슴 가운데에 두어야 한다.

　　이상과 같은 경계로써 금강산 선방에서 가사袈裟를 벗어 버리고 유가 성현 학문의 길로 매진한다.

　　21세(1556, 명종11): 이해 봄 서울로 올라온다.
　　22세(1557, 명종12): 곡산노씨(성주목사 노경린盧慶麟의 딸)와 결혼을 한다.
　　23세(1558, 명종13): 봄에 안동의 도산으로 퇴계 이황(1501~1570) 선생을 방문하였다. 퇴계 선생은 청년 율곡의 인품을 알아보셨다. 율곡은 퇴계 선생에게 시를 지어 올렸다.

溪分洙泗派 계분수사파　내는 수사에서 나눠 오고
峰秀武夷山 봉수무이산　봉오리는 무이산에서 빼어났네
活計經千卷 활계경천권　활계는 경서가 천 권이오
行藏屋數間 행장옥수간　행장은 집이 두어 칸뿐
襟懷開霽月 금회개제월　금회는 개인 달을 열었고
談笑止狂瀾 담소지광란　담소는 미친 물결을 그치게 하네
小子求聞道 소자구문도　소자는 도를 듣기를 구함이오
非偸半日閒 비투반일한　반날의 한가함을 허비함이 아니라네

이에 대하여 화답한 시가 이러하다.

病我牢關不見春 병아뢰관불견춘　나 병들어 굳게 닫고 지내다가 봄을 보지 못하더니
公來披豁醒心神 공래피활성심신　공이 와 헤치고 뚫어 심신이 꿈 깨듯 하네
始知名下無虛士 시지명하무허사　비로소 이름 아래에 헛된 선비가 없음을 알았고
堪愧年前闕敬身 감괴년전궐경신　지난날에 몸 공경함을 궐한 부끄럼을 견딜까 부냐
嘉穀莫容稊熟美 가곡막용제숙미　아름다운 곡식은 피가 잘 자람을 용납하지 않고

遊塵不許鏡磨新 유진불허경마신	새로 갈아낸 거울에 노는 티끌을 허락할 수 없네
遇情詩話須刪去 우정시화수산거	만나는 정의 시말 같은 것은 모름지기 깎아 버리고
努力工夫各日親 노력공부각일친	서로 공부에 노력하여 날로 친하세

이렇게 퇴계 선생을 뵙게 되었다. 율곡은 퇴계 선생을 뵙고 돌아온 후로 더욱 사도(유교의 도덕)에 힘을 쏟았다. 율곡의 벗으로는 황강黃岡 김계휘金繼輝·백호白湖 임제林悌·우계牛溪 성혼成渾·풍애楓崖 안민학安敏學 등이 있었다. 그중에 율곡은 도의道義의 교우로서 우계를 가장 좋아하였다. 우계는 항상 율곡을 사우師友로 좇았었다. 이는 우계가 한 말에서도 알 수 있다. "율곡은 도학에 있어서 커다란 벌판을 환히 내려다본다고 하여 그 인심의 발동이 이원二原이 없다는 일원론이며 그 이기理氣의 학설에 있어서 이기호발理氣互發 즉 이치와 기운이 같이 발동한다는 퇴계의 학설을 전복하며 이승기발理乘氣發 즉 이치는 고요하고 기운은 발동하나니 이치는 기운을 타고 발한다는 학설은 참으로 실상을 보고 참 것을 얻은 것으로, 나의 스승이다."

겨울 별시인 과거에 응시하여 '천도책天道策'으로 과거 마당에 장원급제하였다. 이때 구봉龜峰 송익필宋翼弼과의 교분 관계는 율곡 선생의 학문의 깊이와 도학자로 위상을 알게 하였다.

24세(1559, 명종14): 강릉에서 서울로 올라와 아버지 이원수 선생의 시봉에 전력하였다.

26세(1561, 명종16): 부친상을 당하였다.

29세(1564, 명종19): 탈상하고 이해 사마 문과에 다 장원하여 소과로부터 전후 구도장원九度壯元을 하고 삼장원(初, 中, 末 三場試驗)에 연하여 번번이 어사화를 쓰게 되었다. 이때 삼장원을 하고 구도의 장원량을 고금에 기리게 되었다.

30세(1555, 명종20): 봄, 예조좌랑에 이배移拜되니 예조는 예악, 제사, 연향, 조빙 즉 외교·학교·과거의 정사를 맡아보는 관아이다. 황장목 경차관으로 지방에 갔다 또 서울로 올라와 국사를 그르치는 윤원형과 요승妖僧 보우普雨를 배척하는 상소를 올린다.

31세(1556, 명종21): 율곡은 사간원 정언으로 동료를 인솔하고 간원諫院(사간원의 준말)으로 시사時事(여러 가지 일)를 간하는 세 가지의 일을 상소한다. 상소의 삼대 강목은 ① 마음을 바르게 하여 정치의 근본을 세울 일 ② 어진 이를 등용하여 조정을 맑게 할 일 ③ 백성을 평안하게 하여 나라의 근본을 굳게 할 일. 이 세 가지였다.

32세(1567, 명종22): 6월 명종이 승하한다. 덕흥군의 제삼자 하성군이 선조가 되었다.

33세(1568, 선조1): 유학을 가르치는 성균관의 직강直講에 발탁되다. 선조가 김귀영에게 예조판서를 시킨 후 명나라에 갈 하천추사와 서장관을 차택하게 하니 율곡 선생이 서장관에 임명되어 교빙하게 되었다. 사헌부지평·이조좌랑을 역임하며 서장관으로 명나라 사신으로 선발, 학문과 덕행이 높은 율곡으로 하여금 외국과 교빙交聘함에 국서를 받들어 선차仙搓에 오르게 된다. 명나라에 가 국위를 선양하고 동방예의지국의 성과를 얻어 사명을 마치고 돌아와 홍문관 교리에 발탁되었다.

34세(1569, 선조2): 훌륭한 인재를 양성하려는 호당湖堂(독서당)의 독서 생활, 이 호당의 제도가 세종대왕 때 기원이 되어 내려온 후 제20

회에 이르러 역사상 가장 성행하였다. 전례에 의하여 거행하는 삭제朔製(초하루)의 월과月課로 시문을 제진하게 되자 주객의 문답체로 왕도와 패도의 치국평천하의 요령을 진술하여 군도君道 신도臣道 등의 십일조로 편성하여 『동호문답東湖問答』이라는 제목을 붙여 선조께 올렸다. 즉 『동호문답東湖問答』을 저술한다.

35세(1570, 선조3): 10월 외조모 이씨의 병환이 위독하다 하여 귀경하기를 청하니 휴가를 받아 강릉에 이르자 외조모의 상사를 당하였다. 다시 홍문관 교리의 배명을 받는다.

36세(1571, 선조4): 이해 정월 초생에 지난 12월 8일 판중추부사 이황 선생이 예안향제禮安鄕第에서 돌아가셨다는 부고를 받는다.

이황 선생을 애도하는 시 만곡輓哭을 지어 올렸다.

良玉精金稟氣純 량옥정금품기순	양옥과 정금의 품기가 순전한데
眞源分派自關閩 진원분파자관민	진원의 분파는 관민으로부터로다
民希上下同流澤 민희상하동류택	백성이 상하가 유택을 같이하기를 바랐는데
跡作山林獨善身 적작산림독선신	자취는 산림에 홀로 착함을 지녔도다.
虎逃龍亡人事變 호도용망인사변	호랑이가 가고 용이 망하니 인사가 변하였고
瀾回路闢簡編新 란회로벽간편신	물결은 돌고 길은 열리는데 기록이 새로워라
南天渺渺幽明障 남천묘묘유명장	남쪽 하늘이 아득하여 어둠과 밝음이 막히니

涙盡腸摧西海濱 루진장최서해빈   눈물은 다하고 창자가 뒤틀리는 서쪽
바다 가 일러라

    이렇게 퇴계 선생의 만사輓詞를 짓고 곧 파주로 돌아오니 선조께서 이조吏曹 정랑正郞으로 부르셨으나 복명치 아니하였다. 이해 여름 청주목사가 되어 부임한 후 교화에 힘쓰는 한편 손수 향약법을 편찬하여 인민을 인도하니 향풍鄕風이 일변하였다.

    37세(1572, 선조5): 청주 업무를 몇 달 만에 평정하고 또 병환으로 사직하고 올라오니 또다시 홍문관 부응교로 부르셨다. 그러나 파주 율곡으로 돌아와 임진강 화석정에서 정양하며 우계尤溪 성혼(成渾 1535~1598)과 9회에 걸쳐 '이기심성사칠'에 관해 주고받은 왕복서가 있다. 이때 율곡의 이기설의 요지가 선명하게 드러난다.

    38세(1573, 선조6): 7월 17일 직제학直提學의 배명이 내리니 황문관 예문관의 양관兩館에 정삼품의 관직에 오르나 병환으로 파주에서 일어나지 않으셨다. 다시 서울로 올라와 세 번 대궐에 나아가 세 번 사직 상소를 올려 사직을 말하니 윤허하였다.

향약법 시행 헌책

선조: 경은 어찌하여 그렇게 번번이 사직하고 입조하지 않는가?
율곡: 병이 심하고 재주가 공소하여 스스로 생각하온 결과에 공연히 녹만을 허비하는 것보다는 물러가서 허물을 적게 하는 것이 옳다고 생각한 까닭입니다.
선조: 경의 재주는 짐이 잘 알고 있다. 그렇게 너무 겸손하지 말라.

율곡: 황송함이 짝이 없습니다. 오늘 우리나라의 현상을 보건대 민생이 초췌하고 풍속이 퇴폐하기 짝이 없어 신은 가만히 괴이하게 여기는 바입니다 …….

선조: 근래에 와서 전국에 향약법을 시행하려는 계획을 진행하고 있는데 경의 의견은 어떠한가?

율곡: 기실은 오늘 이 향약 문제에 대하여 말씀드리고자 합니다. 신이 일찍 청주목으로 있을 때 적이 시행해 본 경험이 있어 좋기는 하나 오늘 이것을 갑자기 전국적으로 시행하려 함은 어떠할까 합니다. 지금 모든 정사가 올바르지 못하고 생민들이 곤란에 빠져 있어 먼저 당면한 급한 문제를 해결하지 않고 교화 사업만을 좋다 하여 경솔하게 하면 이는 본말의 도착으로서 실행하기 어려울 것입니다. 그러나 성상이 궁행에 면려하여 차차로 인도하면 쉽게 될 것입니다.

이렇게 군신간의 대화가 이루어진 후에 향약의 절목이 율곡에 의해 등장하게 된다. 동방의 만민의 향선자수向善自修의 길이 열린 것이다.

39세(1574, 선조7): 만언봉사萬言封事 즉 만언소萬言疏를 올려 시폐時弊를 극진히 일곱 가지의 조항으로 말한다.

일, 상하가 믿는 실상이 없는 것
이, 신하들이 임사任事의 실상이 없는 것
삼, 어진 이를 부르되 수용의 실상이 없는 것
사, 재앙을 만나도 응천의 실상이 없는 것
오, 경연經筵에 성취의 실상이 없는 것

육, 군책群策이 구민의 실상이 없는 것

칠, 인심이 향선向善의 실상이 없는 것

그리고 수덕의 오대강령五大綱領, 안민의 오다 강령 등 실로 만언에 달하는 것으로 고금을 통하여 이와 같이 긴 문장으로 구성된 상소문은 없었다. 율곡이 우리나라 문장록에 문묘문장의 대가도 전하게 된 소이연이 여기에 있다고 하겠다. 사간원 대사간·황해도 관찰사 등을 역임하였다.

40세(1575, 선조8): 『성학집요聖學輯要』를 지어 올린다. 홍문관 부제학으로서 내부의 경적을 모아 문한文翰을 다스려 군왕의 고문顧問에 응하는 지위에 있으므로 항상 임금을 바로 잡으려고 예의銳意하여 왔던 가운데에 경전과 사학에서 중요한 학문과 정사에 관한 것을 넓혀 수기와 치인으로 분석하여 이름을 『성학집요』라 하였다. 통설·수기·정가·위정·성학도통의 다섯 편으로 나누어 저술하여 선조에게 바친다. 성학집요를 바친 후 몇 날이 지나 경연에 입시하니 선조가 말하였다.

선조: 향자에 찬진한 『성학집요』는 그 글이 심히 정치하는 도에 보익補益이 되나 나와 같은 불민한 임금으로서는 능히 행치 못할까 두려워하는 바이다.

율곡: 옛날 송宋나라 신종神宗이 말하기를 요순의 일을 짐이 어찌 감히 당하리요 하니 정백자程伯子는 초연히 말하기를 폐하의 말은 종사와 신민臣民의 복이 아니라고 한 일도 있거니와 오늘 전하의 한 말이 이와 같지 아니한가 하는 바입니다.

『성학집요』는 선조대왕을 크게 계몽한 정치의 독본이며 만세 통치자·학자들에게 교서敎書라 하였다.

42세(1577, 선조10): 해주향약과 사창私倉을 실시하였다. 『격몽요결擊蒙要訣』을 저술하였다. 41세 때 10월 해주 석담으로 내려가 고산 아래 청계당聽溪堂을 짓고 형제와 온 가족이 일실에서 평화스러운 공동생활을 한다. 그 후 청계당이 좁아터질 지경으로 많은 학도가 몰려들었다.

43세(1578, 선조11): 이때에도 동서분쟁을 위하여 노심초사하여 동서분당의 상소를 올린다.

46세(1581, 선조14): 사헌부 대사헌·호조판서 등을 역임하였다.

47세(1582, 선조15): 이조판서·형조판서·의정부 우찬성 등을 역임하였다. 율곡은 늘 작위爵位를 원하는 바가 아니었음에도 중임에서 벗어나지 못하였다. 7월 15일 대제학 율곡은 『학교모범사목』 16조를 찬진撰進하였고, 『인심도심설』과 『선악기도善惡幾圖』·『김시습전』을 제진製進하였다. 9월 하순 명나라 사신 황홍헌과 왕경민 등을 원접하기 위해 의주 압록강에서 두 사신을 맞는다.

황홍헌: 그대의 나라의 원접사는 자못 산림山林의 기상氣象이 있다. 임하林下의 선비를 빌어내다가 나를 대접하는가?

역관: 아니다. 우리 원접사는 삼장三場의 괴수魁首요 구도장원으로서 오래 시종侍從으로 있다가 중년에 병으로 임하여 퇴거하였다. 지금 국왕이 의임倚任한 지 오래다.

황홍헌: 그런즉 저분이 일찍 『천도책天道策』을 지은 분이냐?

역관: 그렇다. 어떻게 아는가?

두 사신은 역관의 대답을 듣고 나서 서로 고개를 끄덕이며 흠앙하는 태도가 공손하였다. 붓을 잡으면 선 자리에서 일필휘지一筆揮之하니 명사明使들이 번번이 탄복하였다. 이로써 율곡 선생이라는 경어로 봉칭奉稱하게 되니 동중교빙東中交聘 사상 보지 못하였던 일이다.

11월 두 사신이 '문묘 즉 성균관成均館에 알성예謁聖禮를 거행하겠다.' 하여 율곡 선생이 양사를 데리고 문묘를 알성謁聖한 후 명륜당에 앉아 율곡 선생께 극기복례가 인仁이 된 의의를 청하여 듣고 율곡의 극기복례가 중국으로 역수입逆輸入되어 우리 동방의 사문사도斯文斯道의 유원한 빛이 중원천지中原天地를 비추어 주게 되었다.

48세(1583, 선조16): 대제학으로서 서전西銓의 장 즉 병조판서를 겸하였다. 『시무육조방략』을 지어 올리고 경연에서 전란에 대비한 십만양병설을 진언하였다.

49세(1584, 선조17): 1월 16일 서울의 대사동大寺洞 정침正寢에서 별세하였다.

1624년(인조2) 문성文成의 시호를 받았다. 그리고 1681년(숙종7) 5월 성혼과 같이 문묘文廟에 배향되었다.[1]

율곡의 유저遺著는 『율곡집』, 『율곡전서』 중에 모두 수재收載되었고 이밖에 『사서언해四書諺解』, 『소학집주小學集註』 등이 있다. 짧은 수한壽限의 만년생애는 매우 분망奔忙하여 시간의 대부분을 정치생활, 사회

---

1) 柳子厚, 『栗谷先生傳』, 東邦文化史, 檀紀 4280, 전체 내용 참조.

생활에 빼앗겼으므로 순수한 학문적 사색적인 생활은 얼마 되지 않아서 늘 아쉬움만 남는다.

류승국 선생은 『한국사상의 연원과 역사적 전망』에서 율곡은 "탁월한 식견과 고매한 인격으로 국가의 안위를 자신의 책임으로 삼았으며 자신이 아는 바를 말하지 않은 적이 없고 말하되 최선을 다하지 않은 적이 없었다. 율곡의 애국 애족하는 정성은 임종 시의 몽중어夢中語까지 국사를 걱정하는 말이었다는 것을 보아도 알 수 있다.[2] 짧은 생애에서 학문과 국사에 빛나는 업적과 정치문제 동서분당을 애태우고 안민보국을 위하여 대난大難을 예방하는 정책을 수립하였다. 민생의 고통을 덜기 위해 폐법을 개혁하는 상소를 올리고, 사회적으로 억울한 계층을 풀어주는 노예의 속량과 서얼들의 통허通許를 주장하였다. 민풍을 진작하기 위해 향약과 사창을 장려하고 특히 현대의 의회제도와 여론정치의 효시라고 볼 수 있는 경제사의 설치를 제안하는 것 등을 볼 수 있다. 이는 모든 나라들이 본받아야 할 거룩한 인간애의 발현이라 하겠다."라고 깊은 아쉬움을 표하였다.

---

2) 『栗谷全書』권36,「諡狀」,(李廷龜撰) : '書畢 奄奄有垂盡之狀 病遂革 臨絶 諄諄如夢中語 皆國事 無一言及家.'

사상계통思想系統과 본령本領

율곡의 근본 사상은 물론 유교 특히 정주의 도학사상에 뿌리를 박고 있었으므로 그의 학문적 태도와 수신 처세의 법과 정치에 관한 의견이 모두 유교사상의 범주範疇에서 벗어나지 못하였으며 그리하여 그의 구의목적究意目的은 이른바 요순삼대의 이상의 다스림을 실현하려 함에 있었다. 실질적으로 정치를 마름질하는[裁之] 근본이요 또 만민의 최고 표본인 군주 자체가 철인의 수양을 쌓고 그 지위에 인도되므로 훌륭한 정치를 행할 수 있다는 이른바 왕도정치 즉 철인정치를 주의로 삼았던 것이다. 이러한 점에 있어 그는 중종시대의 도학정치가인 조정암趙靜庵(光祖)과 방불한 바가 많을 뿐더러 실제 그를 숭배하고 본받으려 하였다. 율곡은 정치가로 매양 조정암을 추앙하고 학자로는 이퇴계李退溪라 하였다. 특히 퇴계 선생에게는 친히 도를 물은 일도 있었고 직간접적으로 자극과 영향을 받음이 있다.

선조 6년에 성균관 유생 오현五賢(김굉필·정여창·조광조·이언적·이황)의 문묘종사를 건의하였을 때 율곡은 오현 중 "김문경(굉필宏弼)·정문헌(여창汝昌)은 언론풍지言論風旨가 미이불현微而不顯하고 이문원(언적彦迪)은 출처에 자못 의의할 곳이 있으며 다만 조문정(광조光祖)은 도학을 창명倡明하여 후인을 계발하고 이문순(황滉)은 의리義理(道學)에 침잠하여 일시에 모범인 즉 이인二人을 표출종사하면 옳을 것이라"[3] 하였다. 특히 정암과 퇴계를 지정한 것이라든지 선조 11년 주자사朱子祠를 세워 정암 퇴계를 배향시키려고 한 것과 삼 년 후 정암과 퇴계의 문

---

3) 『經筵日記』 2.

묘배향을 청한 것을 보아도 율곡이 양인에 대하여 얼마나 높이 평가하였던가를 알 수 있다.

율곡은 앞서 말한 바와 같이 '정암은 창명도학, 퇴계는 침잠의리'라 하여 이것으로써 늘 양인의 사계斯界에서의 지위를 논하였거니와 결코 양인을 무조건으로 맹목적으로 숭배하려고 하지 않았다. "퇴계의 재조才操와 기국器局은 정암에 미치지 못하나 그 학문의 정미는 정암이 또한 따를 수 없다."[4] 함이 양인에 대한 논평이니 율곡은 양인의 장점을 취하는 동시에 단점은 자신이 보충할 수 있다는 신념을 가졌던 것 같았다.

그러나 조정암의 부족한 결점은 비단 학문의 성숙하지 못한 점에만 있는 것은 아니었다. 그는 주의주장主義主張, 이론의 합리성이 혹은 접하기 어렵고 혹은 급진적이고 과격한 데도 있었다. 이것이 그가 실패한 원인의 하나이거니와 율곡은 이를 거울삼아 보고 유감으로 여기어 자신은 점진주의, 실천주의를 취하기로 하였다. 그의 우인友人 성우계成牛溪가 율곡에게 '격군심格君心'의 급선무急先務를 권하였을 때에도 급격하게 함은 불가하다 말하였으며 점진적으로 군심을 계발啓發함에는 구술口述 소장 외 저서, 편찬물 등이 필요함을 인식하고 「동호문답東湖問答」,『성학집요』등을 제진製進하였던 것이다.

퇴계에 대하여도 그 학문의 정밀하고 자세함을 흠모하고 찬양하기는 하나 퇴계의 유자관儒者觀·학문의 태도·학설에 있어서는 다소 다른 바가 있는 것을 알아야 한다. 퇴계와 율곡의 유자관과 학문적 태도를 보면 이러하다. 즉 퇴계는 '선비란 나아가 벼슬하는 것보다 불러와 입언수

---

4) 『經筵日記』1.

후立言垂後(저술문자를 후인에게 남기어 주는 것)의 일을 하는 것이 본분이며 사명이라고' 보았으며 율곡은 입언수후가 유자의 일본분一本分이기는 하나 그것이 전부의 사명이라고 생각하지 않았다. 유자의 완전한 사명은 수기·치인·입언을 갖추어 행함에 있는 것으로 보았다.

율곡의 유자관은 선비는 나아가 벼슬할 때는 벼슬을 하여 될 수 있는 한 자기의 포부와 이상을 펼쳐 널리 국가 사회에 이익을 끼쳐주도록 노력하고 물러 나와서는 입언·교육에 종사하는 것이 당연하다고 그는 생각하였다. 즉 율곡의 말로 하자면 "진유眞儒란 나아가면 일시一時에 도를 행하여 이 백성으로 하여금 태평을 누리게 하고 물러나와 만세에 교육함이 없다면 비록 진유라고 할지라도 나는 믿지 않겠다."(『동호문답東湖問答』) 하였다. 퇴계는 일찍이 이회재李晦齋(언적彦迪)의 관계에 있어서 존재를 높이 평가하여 "선생과 같은 이를 거의 찾을 수 없다."고 하였는데(『퇴계집권49』「이회재 행장」) 율곡은 "회재가 박학능문하고 저술이 풍부하고 조예가 깊으나 경제經濟(일상생활의 사회적 관계)의 대재大才가 없고 을사사화乙巳士禍에 처했을 때 선비들을 위하여 정직하고 바른말을 구하지 못하였다"(『경연일기經筵日記』)고 하였다. 학문이 비록 넉넉하고 부유하고, 입언수후立言垂後의 저술이 비록 많다 하여도 이것으로 대유大儒의 자격을 규정하는 표준을 삼을 수 없다 했으며 그 밖의 사회적 관계 재능과 처세에 마땅함을 겸한 사람이어야 현인으로 추앙하였다.

율곡의 이른바 사회적 관계는 지금의 우리가 말하는 일상의 모든 일과와는 개념을 달리한, 그야말로 고전에서 이르는 경국제세經國濟世의 말이지만 퇴계와 율곡의 대유관은 이와 같이 다른 바가 있었던 것이다.

학문관

퇴계와 율곡은 정·주학의 학을 존중하여 받아들인 만큼 정주의 설과 배치背馳되는 학문에 대하여는 이를 무시하고 배척함이 항상 있었으나 율곡은 퇴계에 비하여 그렇게 심한 편은 아니었다. 퇴계는 오로지 주자를 독신篤信하여 그의 일언일구一言一句를 금과옥조金科玉條로 받드는 동시에 퇴계의 사상과 학설, 문장, 기타 등을 주자의 학설에 화化하려 하였고 조금도 주자와 배치되는 사상과 사설은 그릇된 것이라 허용하지 않았다.

이학異學에 대하여서도 퇴계의 온후관대溫厚寬大의 풍은 찾아볼 수 없을 만큼 각박하고 냉엄하였다. 그러므로 퇴계는 중국인으로는 육상산(구연九淵)·왕양명(수인守仁)·나정암(흠순欽順)의 학을 배척하고 본국인으로는 서화담(경덕敬德)과 그의 문인 이연방李蓮坊(구球)의 설을 반대하여 일일이 변증을 가하였다. 율곡도 육상산·왕양명의 학에 대해서는 물론 배척하였지만 나정암·서화담에 대하여는 도리어 이기理氣 불상리不相離의 묘처를 간파하여 그들에게 자득함을 보고 매양 칭송하였다. 율곡이 "정암·퇴계·화담에 대하여 논평의 설을 보면 정암이 가장 높고, 퇴계가 그다음이 되고 화담이 또 그다음이 되나 취중就中 정암과 화담은 자득의 미味가 많고, 퇴계는 의양依樣의 미味가 많다."(『율곡전서』 권10 「답성호원서」) 하였다.

퇴계는 주자朱子의 언행에 의양依樣하여 그대로 좇은 충실한 주자학도였다. 그러나 율곡은 주자의 학을 신봉하되 반드시 자기를 통하여 다시 의미를 짚어보고 재검토하여 아직 미진한 것이 있으면 좇지 않았다. 그것은 율곡의 이기관理氣觀과 사단칠정논四端七情論에서 충분히 엿볼 수 있다. 성우계와의 논변 중에서 "만일 주자의 소견이 짐짓 그렇다면 주자도 잘못이다."라고까지 말하였던 바이며 서화담에 대해서도 그의 학문을 전적으로 지지支持하거나 찬성하지 아니하고 종종 비판을 가하기도 하였지만, 그 자득의 미는 역시 "타인의 독서의 양에 비할 바가 아니다."(『율곡전서』권10 「답성호원서」)고 하였으니 이런 점에 있어서 퇴계 이상으로 평하였으며, 실제 화담의 설에서 영향을 받았다.

위 내용은 이병도李丙燾 선생의, 『국역 율곡전서정선』(율곡선생기념사업회, 檀紀 四二八三年)을 참고하였다.

참고문헌

원전

李珥, 『醇言』, 筆寫本 발행년도 : 1750(英祖26年), 규장각 도서번호 7743.

董思靖, 『太上老子道德經集解』, 中華民國 28년.

李珥, 『栗谷全書』

老子, 『道德經』

『書經』

『詩經』

『禮記』

『易經』

『大學』

『論語』

『孟子』

『中庸』

『大學衍義』

『大戴禮記』

『孔子家語』

『近思錄』

『古文眞寶』

『國語』

『諸子書』

『朱子語類』

단행본

금장태, 『한국유학의 『노자』의 이해』, 서울대학교출판부, 2006.

김성원, 『新完譯 소학』, 명문당, 1985.

김시천 역, 왕필 저, 『역주 노자도덕경주』, 전통문화연구회, 2014.

김학목, 『율곡 이이의 노자』, 예문서원, 2001.

김학주, 『노자』, 명문당, 1977.

류승국, 『한국유학사』, 성균관대학교출판부, 유교문화연구소, 2009.

류승국, 『한국사상의 연원과 역사적 전망』, 성균관대학교, 유교문화연구소, 2009.

朴世堂, 『박세당의 노자: 어느 유학자의 노자 읽기』, 예문서원, 1999.

조민환, 『유학자들이 보는 노장철학』, 예문서원, 1996.

성백효 譯註, 『小學集註』, 전통문화연구회, 1993.

성백효 譯註, 『心經附註』, 전통문화연구회, 2002.

송항룡, 「율곡 이이의 노자 연구와 도가 철학」, 성균관대 대동문화연구원, 1987.

안병주·전호근 譯註, 『장자』, 전통문화연구회, 2001.

이병도, 『국역 율곡전서 정선』, 율곡선생기념사업회, 1950.

이동희, 『조선조 주자학의 철학적 사유와 쟁점(속편)』, 2010.

이석명, 『노자도덕경하상공장구』, 소명출판, 2012.

이종성, 『율곡과 노자』, 충남대학교출판문화원, 2016.

유성선·이난숙, 『율곡의 「순언」 유학자의 노자 「도덕경」 이해』, 경인문화사, 2015.

劉笑敢, 김용섭 역, 『老子哲學』, 청계, 2000.

윤천근, 『한국인의 철학』, 외계사, 1992.

최영진, 『유교사상의 본질과 현재성』, 성균관대학교 유교문화연구소, 2002.

최영진, 『조선조 유학사상사의 양상』, 성균관대학교 출판부, 2005.

최영진, 『퇴계 이황』, (주)살림출판사, 2007.

최영진 외, 『한국 철학사』, 새문사, 2009.

최재목, 『노자』, 을유문화사, 2006.

허항생, 노승현 역, 『노자철학과 도교』, 예문서원, 1995.

학위논문

김학목, 「朴世堂의 『新註道德經』 硏究」, 건국대학교, 박사학위논문, 1998.

김석중, 「『순언』을 통해 본 율곡의 노자 이해」, 연세대교육대학원 석사학위논문, 1999.

김학재, 「율곡 『순언』의 연구」, 한국정신문화연구원 한국학대학원 석사학위논문, 2002.

심기섭, 「율곡 『醇言』의 哲學體系 硏究- 嗇을 중심으로」, 공주대학교교육대학원 석사학위논문, 1996.

엄상섭, 「율곡의 修養論에 關한 硏究 - 『聖學輯要』 「修己」편을 中心으로」, 성균관대학교 유학대학원, 석사학위논문, 1999.

학술지

김학목, 「조선조 유학자들의 『道德經』 주석과 그 시대 상황」, 『동서철학연구』 24호, 2002.

김학재, 「『순언』에 드러난 율곡의 『노자』 해석의 지평 - 『대학』을 통한 『노자』 이해」, 『철학연구』 48집, 2013.

이강수, 「徐命膺의 老子理解」, 『동방학지』 제62집, 연세대학교국학연구원. 1989.

이강수, 「栗谷의 『醇言』과 조선조의 道家研究」, 『율곡사상연구』 제13집, 2006.

이종성, 「율곡과 노자-『순언』의 세계관과 인간이해」, 『율곡사상연구』 제10집, 2005.

이종성, 「율곡의 노자관에 반영된 경학사상의 유도회통론적 특성과 의의」, 『율곡사상연구』 제40집, 2018.

참고 누리집

규장각한국학연구원 (http://kyujanggak.snu.ac.kr)

한국고전종합DB (http://db.itkc.or.kr)

성균관대학교 중앙학술정보원 (http://www-riss-kr-ssl.ca.skku.edu/index.do)

부록

太上老子道德經集解

『太上老子道德經集解』은 동사정董思靖이 순우병년淳祐丙年(1243년)에 집필한 집해서이다.
부록으로 게재한 원문은 중화민국中華民國 28년 (1939년)의 인쇄본이다.

王雲五　主編

叢書集成初編

太上老子道德經集解

集解者	董思靖
發行人	王雲五 長沙南正路
印刷所	商務印書館
發行所	商務印書館 各埠

中華民國二十八年十二月初版

（本書校對者黃牽群）

文定曰勢可以利人則可以害人矣力足以爲之則足以爭之矣能利能害而未嘗害能爲能爭而未嘗爭此聖人與天爲徒所以大過人而爲萬物宗者也

右八十一章河上名顯質自三十八章至此凡四十四章爲下篇此經二篇通明道德之旨首立可道可名爲設教之宗元次標上德下德述因時之澆樸此章寄信美以彰言教論善辯以戒修行述知博以示迷悟陳無積以教忘遣假有多以暢法性合天道以論聖人欲使學者造精微於理性之中忘筌蹄於言象之表故能悟教而忘教以是終焉此蓋敍述者之大旨也

鄰國相望雞犬之聲相聞。北方本雞犬之音相聞。民至老死不相往來。

望亡與冠蓋相望義同惟無欲無求故如此

右八十章河上名獨立此章明安性分則無所企求

信言不美美言不信。

善者不辯辯者不善。

知者不博。

博者不知。

聖人不積既以與人己愈有既以與人己愈多。

天之道利而不害聖人之道爲而不爭

信則爲實而合道故不必美美則爲觀以悅人故未必信

善者不辯辯爲主則不求辯以辯爲主則未必善也

文定曰以善爲主則不求辯以辯爲主則未必善也

一以貫之何事於博

溺於博者未必知道

聖人當體即一亦不立何積之有蓋無藏於中無交於物自然純素無私而已故施其德以爲人而

我未嘗費推其道以與人而一無盡也〇曹曰體虛而善應

天道無親常與善人
清源子曰契之無私亦猶是也惟合者得之○黃曰然爲善者非特無求於人亦無求於天惟任其自至而已
右七十九章河上名任契此章明息妄在於復性皆無爲之治也
小國寡民使有什佰之器而不用
人稀務簡君無事於尙賢而民各安其性分之天使有材器堪爲什夫佰夫之長者亦不求用於世矣
蓋當文勝俗弊之時人好自用而夸大於外故舉此以諭太古之治而勸之以務內之學也
使民重死而不遠徙
遂性無求故安土而不遷
雖有舟輿無所乘之雖有甲兵無所陳之使民復結繩而用之
不競利不紛爭故復結繩可也
甘其食美其服安其居樂其俗
內足而外無所慕也惟樂於內則無日而不自得故雖疏惡隘陋亦自以爲甘美安樂蓋其樂以道不以物也

是以聖人言受國之垢是爲社稷主受國不祥是爲天下王．

溫公曰含垢納汙乃能成其大

正言若反

正言合道若反於俗蓋反於小智之近情乃合於大道之至正．

右七十八章河上名任信此章言柔弱能容則爲物所歸也

和大怨必有餘怨安可以爲善

夫怨生於妄覺妄卽眞怨亦何有令不治其本而欲和其末則外雖和而內未忘是有餘怨也豈足爲

善哉若徹見根本則眞妄寂然矣

是以聖人執左契而不責於人

夫契有左右所以爲信而息爭聖人與人均有是性人惟執妄馳騁於爭奪之場故惑於大怨而迷其

本曾不知眞性之無妄也是以聖人惟抱此本然之正性雖不求悟於人而人感其化及乎妄盡怨釋

亦莫不廓然自得以還其固有之善而合於正矣亦如右契之合左契者猶言性之

先覺也○清源子曰古者結繩而治破木以爲契君執其左臣執其右契來則合所以取信

故有德司契無德司徹

有德者不言而信乃無爲而民自化猶執契也徹者通也彼無德者乃欲人人而通之故汲汲於和怨

右七十六章河上名戒彊此章言用柔弱可以保冲和之氣．

天之道其猶張弓乎高者抑之下者舉之有餘者損之不足者與之天之道損有餘而補不足人之道則不然損不足以奉有餘

天道無私當適乎中故滿招損謙受益時乃天道．○葉夢得曰張弓者挽之而後發是亦斂之於己而後施之於物者也以平正爲主調和爲常故與天道同此其高下抑揚有餘不足無不中其節者其取之不在外也蓋出於自然故無私而人則反是而不求於內是以每損人之不足以奉己之有餘蓋出於使然故多私而不均．○開元註引損上益下爲益損下益上爲損二卦之義亦明

孰能以有餘而奉不足於天下有餘爲奉天下．唯有道者是以聖人爲而不恃功成不處其不欲見賢

惟有道者爲能奉天之所爲亦不恃其爲不居其功若使爲而恃功而居則賢見於世矣賢見於世則是以有餘自奉也

右七十七章河上名天道此章明道之用中正而無私惟觀天之道知之而聖人則與之同也．

天下柔弱莫過於水而攻堅彊者莫之能勝其無以易之

以其善下柔弱之性不易故不失已而能勝物

故柔勝剛弱勝強天下莫不知莫能行．

觀水可喻則事近而理明豈難知哉惟信道不篤所以莫能行．

民之饑以其上食稅之多是以饑民之難治以其上之有為是以難治

御註曰賦重則民不足政煩則姦偽滋起

人之輕死以其求生之厚是以輕死

御註曰矜生太厚則欲利甚勤放僻邪侈無不為矣○文定曰上以利欲先民民亦爭厚其生雖死而求利不厭

夫惟無以生為者是賢於貴生

溫公曰外其身而身存也

右七十五章河上名貪損此章戒有為之弊惟忘其生則可以全生也王弼註謂此章疑非老子所作

民之生也柔弱其死也堅彊萬物草木之生也柔脆其死也枯槁故堅彊者死之徒柔弱者生之徒

文定曰冲氣在焉則體無堅彊之病至理存焉則事無堅彊之累矣

是以兵彊則不勝木彊則共故堅彊居下柔弱處上 北本強大處下

共字如列子云兵彊則滅木彊則折是矣夫物之精者常在上而粗者常在下其精必柔其粗必彊理勢然也而天下亦未有剛彊而能居人上者莊子曰以濡弱謙下為表是也○達真子曰善勝敵者不爭皆意不在於彊也木之彊大者則人必共伐之兵以柔弱致其勝木以柔弱致其存是以堅彊可居其下而柔弱可處其上也人之立性固不異此

夫網恢恢疎而不失

御註曰德行常易以知險

蓋要終盡變然後知其雖廣大而微細不遺也失或作漏

右七十三章河上名任爲此章告人當勇於道不當勇於力繼明天道之自然而末又戒以天網之不漏使人信之無疑也

民常不畏死奈何以死懼之若使人常畏死而爲奇者吾得執而殺之孰敢

文定曰政煩刑重則民無所措其手足故常不畏死雖以死懼之無益也苟民安於政則常樂生畏死或有詭異亂羣者吾然後執而殺之孰敢不服

常有司殺者殺夫代司殺者殺是謂代大匠斲夫代大匠斲希有不傷其手矣

文定曰司殺者天也理也方世之治而詭奇亂羣之人恣行於其間則天之所棄也因而殺之則是天殺之非我也否則是代司殺者殺矣夫代大匠斲則傷其手代司殺者殺則及其身矣○程伊川謂德未成而先以功業爲事者有類乎是

右七十四章河上名制惑此章謂君無爲則民知自勸之方○右史張耒曰夫物不患無殺之者萬物泯泯必歸於滅盡而後止則常有司殺者殺矣竊司殺之常理而移之以行其畏非徒不足以懼物而亦有所不及者然則操政刑死生之柄驅一世之民使從之殆非也

慕也此心未忘則猶有畏也畏去而後大威至矣是以去彼自見自貴者而取此自知自愛者然聖人動靜皆天理無去取此開教引凡之說也

右七十二章河上名愛己此章祛妄惑以全眞也

勇於敢則殺勇於不敢則活此兩者或利或害天之所惡孰知其故是以聖人猶難之

惡去聲○剛彊者死之徒勇於此則殺也害也柔弱者生之理勇於此則活也利也此乃必然之定理也或有時而反常故云或利或害然彊梁者殺之徒實爲天之所惡也今偶然而未受其禍孰能知其故哉

是以聖人猶難之○列子曰迎天意揣利害不如其已是也雖然要其終而盡其變則未始少失故下文歷陳之○温公曰聖人於天道亦不敢易言之

天之道不爭而善勝

温公曰任物自然而物莫能違

不言而善應

天何言哉四時行焉其於福善禍淫之應信不差矣

不召而自來

神之格思本無向背如暑往則寒來夫豈待召而後至哉

繟然而善謀

民不畏威則大威至

夫人自有至大至剛者充塞乎天地實高明光大赫然物莫能加此所謂大威也惟人梏於形器之私溺於衆妄之迷畏生死憚得喪於是萬物之威雜然乘之故終身惴慄有是大威而不自知也苟誠知之一生死齊得喪勇往直前力行不顧則此大威燁然見前矣

無狹其所居無厭其所生夫惟不厭是以不厭

狹胡夾切隘也厭切豔棄也無當作毋居者性之地居天下之廣居則與太虛同其體矣生者氣之聚合太一之至精則與造化同其用矣惟曲士不可以說道苟不溺於小術而實諸所無以自狹其居則必棄有著無而蔽於斷滅以厭其所生是以告之以無狹無厭使學者知夫性者氣之帥而其大無量當擴而充之以全其大生者道之寓而其用不窮當葆而養之以致其用則養氣全生盡性至命而不生厭慕之心所以體無非彊無非頑也長生非貪生而生非礙也夫如是則生與道居而道亦未嘗厭棄於人矣

是以聖人自知不自見自愛不自貴故去彼取此

見賢遍切顯也去上聲自知則返照無畏而不狹見切

絶外嗜欲而不厭其生惟自知自愛所以居之安也而不自見以矜能不自貴以賤物故無知之見忘愛之之心也○文定曰雖自知之而不自見以示人雖自愛之而不自貴以眩人蓋恐人之有厭有

是以聖人被褐懷玉

溫公曰道大故知者鮮

御註曰聖人藏于天而不自衒鬻〇清源子曰被褐則和光同塵懷玉則抱道蘊德〇文簡曰褐者日用之不可無舉世之所共也玉者至貴之貨我所獨有也知我者希固足以見吾道之上矣而聖人不以自異也故其聖而不可知之妙亦何嘗不顯諸日用共由之間蓋以期乎人之皆能也此孔子所以謂吾無隱乎爾者也

右七十章河上名知難此章明道至易知易行而忽之則至難

知不知上不知知病

惟其真知則與道為一故不滯於知此德之上也若夫不則真知之地而自己謂之知則必以文滅質以博溺心欲彊知之病德之病也

夫惟病病是以不病聖人不病以其病病是以不病

夫惟知其真知之為病是以不落於病也聖人則生而知之本自不病不待病其病然後至不病之地所謂以其病病者乃以其病病之藥示乎學者使之病其彊知之病而了悟真知以遣其病則藥病齊袪能所俱泯始知從來元自不病則與聖人同矣

右七十一章河上名知病此章謂真知則契理執迷則成病

禍莫大於輕敵輕敵則幾喪吾寶故抗兵相加哀者勝矣

幾平。喪聲失也。抗舉也。○文定曰既以慈為寶故輕敵則輕戰輕戰則殺人是喪其所慈矣兩敵舉兵相加而吾出於不得已則有哀愍殺傷之心哀心見而天人助之雖欲不勝不可得矣

右六十九章河上名玄用此章假用兵以明道而貴在於守慈也或云若以人身言之則邪念多於國利欲勝於鋒鋩蓋亦寡欲以至於無欲以全其所寶乎

吾言甚易知甚易行而天下莫能知莫能行

性本固有人所同然指此示人宜若無難知難行之事然天理渾然苟差之一毫則謬以千里以其非計度之所能明故用意者過之忘懷者不及所以莫能知以其非步驟之所能至故邀近功者好捷徑力不足者廢半塗所以莫能行

言有宗事有君

言者道之詮事者道之跡不言之教乃其宗與君乎此沉言滯迹者之所以莫能知莫能行也。

夫惟無知是以不我知

文定曰古之聖人無思無為而有漠然不自知者存焉此則思慮之所不及是以終莫吾知也。

知我者希則我者貴

善為士者不武．

不尚力也．

善戰者不怒．

不得巳而戰非出於人欲之私．

善勝敵者不爭．

惟無爭之心故能勝彼之爭貪先動者必敗．

善用人者為之下．

是謂用人之力是謂配天古之極也．

德之謙下則人樂與吾用蓋心誠而願服其勞也．

惟其不爭而為下則去智故循天之理乃與天同德

右六十八章河上名配天此章標四善以表合天之德

溫公曰德與天合．自生民以來無以加也．

用兵有言吾不敢為主而為客不敢進寸而退尺是謂行無行攘無臂仍無敵執無兵

上如字下○文定曰造事曰主應敵曰客進者有意於爭退者無意於爭惟無意於爭則雖用兵與
行戶剛切
不用均也．故難進而易退雖在軍旅之間如無行陣之可行無臂可攘無敵可因無兵可執而亦安有

用兵之咎哉

道大似不肖

我有三寶保而持之一曰慈二曰儉三曰不敢為天下先夫慈故能勇

儉故能廣

仁者必有勇也

守約而施博也

不敢為天下先故能成器長

長譬後其身而身先故為有物之長乾之出庶物亦曰見羣龍無首吉是三寶皆與世俗不肖似

乃所以為大也

今捨其慈且勇捨其儉且廣捨其後且先死矣

捨其本而徇其末則易以窮故剛疆夸大好進者皆死之徒也

夫慈以戰則勝以守則固天將救之以慈衞之

夫慈者生道之所以流行乃仁之用也故為三寶之首稱以慈御物物亦愛之如慕父母雖為之效死

不辭是以戰則勝守則固故曰仁者無敵於天下也苟或人有所不及天亦將以慈救衞之蓋出乎爾

反乎爾而天道好還常與善人故也以文簡曰去邠而岐周以與是其救也

右六十七章河上名三寶此章明道體至大而用以慈

兩者謂用智與不用智也知乎此亦可以為楷模法式矣．

嘗知楷式是謂玄德玄德深矣遠矣與物反矣然後乃至大順．

人能知此其德可謂玄矣雖以小智近情察之若相反然然反於物乃順於道則真為順也大矣．

右六十五章河上名淳德此章明用智啓姦之惑示玄德大順之規此老子逆知世變之必至其有憂患之心乎．

江海所以能為百谷王者以其善下之故能為百谷王是以聖人欲上人以其言下之欲先人以其身後之是以處上而人不重處前而人不害是以天下樂推而不厭以其不爭故天下莫能與之爭．

善下言下之下暇音樂音洛．○御註曰屯初九曰以貴下賤大得民也蓋得其心也處上而人不重則戴之也懽處前而人不害則利之者衆若是則無思不服故不厭也．○聖人隨時趨變以道豈計利哉亦德之謙而已矣德下之則形上矣德後之則形先矣楊雄曰自下者人高之自後者人先之故天下樂戴而無厭戲之心此天道不爭之德也

右六十六章河上名後已此章明善下不爭之德．

天下皆謂我道大似不肖夫惟大故似不肖若肖久矣其細也夫．

夫扶音．若有所肯似則亦同於一物何足以為大．○西塘鄭俠曰道大而物小人之營營而卒乎小者累於物也元者善之長而至於大之謂也至而不知其為大則同乎道而與世俗不相似故天下皆謂我

此設喩之辭也謂當志立乎事物之表而敬行乎事物之內致知力行趨實務本不遺於細微不忽於卑近修以縝密養以悠久則庶乎小者可以大下者可以高而遠者可以到矣然於此苟有一毫謀利計功之心先入則於道反爲無補故下文歷陳之也

爲者敗之執者失之是以聖人無爲故無敗無執故無失民之從事常於幾成而敗之愼終如始則無敗事

平聲蓋天理精微智者之私無與焉故用意者有爲少懈者敗事惟守之以自然則眞積力久而德自成矣

是以聖人欲不欲不貴難得之貨學不學復衆人之所過以輔萬物之自然而不敢爲

夫道無欲也所謂欲者求其在我而已不欲外物之爲貴也無爲眞學也不以博溺心之爲學也但反其衆人情欲之過以復其初耳蓋此道初非外求而聖人亦不能爲物作則也且夫萬物莫不有箇自然之道聖人惟順其性命之理而立教以左之使適乎中而已不敢別有益生助長之爲也

右六十四章河上名守微此章讚聖人無爲之學以祛有爲有執之失

古之善爲道者非以明民將以愚之

民可使由之不可使知之蓋不先天以開人反樸之謂愚

民之難治以其智多是故以智治國國之賊不以智治國國之福知此兩者亦楷式

是以聖人終不為大故能成其大

學者固當弘毅以立其志然最不可先存為大之心苟存是心則必有躐等自矜之患適所以障道是

不能為乎無事乎無味乎無事味乎惟聖人為能無我故其心常小所以能成其大

夫輕諾必寡信多易必多難

惟其粗而不精故言之不訒而行必不符忽易之心生其於道必難至矣。

是以聖人猶難之故終無難

聖人生知安行固不待勉而後能然豈忽之乎哉蓋德量平等齊小大一多少無所不謹無所不難故終無難濟之事也此又勉乎學者不可有一毫忽易之心則為之勇守之固慎終如始故亦無難矣

右六十三章河上名恩始此章明聖人得道之大全也

其安易持其未兆易謀其脆易破其微易散為之於未有治之於未亂

此節。芮脆嫩易斷貌謂嗜欲未堅也此亦承上章之意謂存之於未萌之時則渾乎自然矣故曰易持脆切。謀察之於始萌之際則不遠而復矣故曰易破易散未有乃無思無為之時也未亂乃方行而未泊之時也為之於此時則無所用力而功成也然理由頓悟乘悟頓消行行非頓成漸修乃故下文則養德之事也

合抱之木生於毫末九層之臺起於累土千里之行始於足下

假他求而自得故出乎禍福之外又烏有人災之所能及乎此所以爲天下貴或曰求以得則善人之寶有罪可以免則不善人之所保也

右六十二章河上名爲道此章言道爲天下之至尊也

爲無爲事無事味無味大小多少報怨以德

夫涉於形則有大小係乎數則有多少大小之辯多少之分此怨之所由起也惟道非形數而上聖與之爲一爲出於無爲事出於無事而味乎無味故含太虛於方寸而不以纖芥私欲自累會萬有于一眞而不爲高下外境所遷是以物各付物事各付事而大小多少一以視之則愛惡妄除聖凡情盡亦奚怨之可報哉惟德以容之而已且使夫人之意也消譬如天地之無不覆載而化育之也然此則在常人之所最難惟切問近思漸而修之則亦可到其地矣下文乃修以求至之方也

圖難於其易爲大於其細天下之難事必作於易天下之大事必作於細

夫道之在於起居食息之間而不遺可謂易矣及其至也惟聖人爲獨能可謂難矣當思慮未發之中而漠然無朕可謂細矣而其充周也雖天地莫能窮其量可謂大矣故漸修而無一行之不謹及其德成則與聖人而同能謹微而無一毫之不盡至全乎道體則與天地而同量惟能愼於其始而毋忽於其終則難者可以成矣若以怨言之則人之怨亦莫不由小以成大及乎怨愈深而忘愈難苟能於起處照徹根源則當下寂然矣

奧切於到 釋文云室之西南隅曰奧謂深邃如堂奧也蓋道體混然其大無外萬物莫不蘊於其中而資

給焉其小無內亦莫不皆在萬物之中而不可見故西昇經云道深甚奧虛無之淵

善人之寶不善人之所保

人雖不善然亦莫不賴於道以有生若是所保也

美言可以市尊行可以加人人之不善何棄之有

行擊去 蓋人莫不有是性雖不能無心則道豈遠人哉故至美之言市人所可共知至尊之行人

皆所與能苟或有人朝爲不義暮使夕聞大道則妄盡性復雖欲指其不善不可得也是又安可棄哉

惟善救之而已此不善人之所保也

故立天子置三公雖有拱璧以先駟馬不如坐進此道

先悉切薦 拱璧合拱之璧美玉之大者駟馬者四馬爲乘共駕一車也古者朝聘有贄幣之禮謂將進駟

馬則以拱璧爲先導也雖天子三公以勢爲貴拱璧駟馬以物爲貴亦不若安然坐進此道之爲貴也

道乃人之所固有則良貴也而三公拱璧是有命焉不可幸而致也人當致勉於性分之所固有而於

外物之儻來者何足貴哉

古之所以貴此道者何不曰求以得有罪以免邪故爲天下貴

問所以貴此道之意蓋謂不求於外而求之在我則是求而有益於得也夫有志於道則無惡矣惟不

如江海必處衆流之下也○文定曰天下之歸大國猶衆水之趨下流也
天下之交天下之交牝牡常以靜勝牡以靜爲下故大國以下小國則取小國小國以下大國則取大國
故或下以取或下而取
牝切婢忍、釋畜母也牡某父也大國以下、或下以取之、暇音、自上而下也、小國以下及或下而取之
下上聲、本在物下也交謂交會而歸聚也牝者雌靜柔下之德牡者雄勁彊高之屬靜以攝動柔之勝
彊事物皆然則靜而下乃常勝之道故爲衆之所歸即守雌爲□□之義也以取者大國能下則終
取小國而兼有之而取者小國能下則爲大國所取悅而容受之終則大國之民且樂歸之如西伯善
養老而盡歸乎來之類○葉夢得曰取之爲言得其所欲之謂也○黃曰大國下小國湯事葛也小國
下大國句踐事吳也
大國不過欲兼畜人小國不過欲入事人兩者各得其所欲故大者宜爲下
其所以爲下者不過欲畜人事人耳初非計利而後然也故欲兩者各遂其理事之所安則大者宜能
下使小者自歸之矣易於大有之後必繼之以謙者乃所以全其大也
右六十一章河上名謙德此章明以德下人人交歸之清源子曰身則國之象也身之虛而萬物至心
之無而和氣歸所謂守雌抱一則是陽下煉陰化爲純陽乃無爲之妙也此亦一義
道者萬物之奧

嗇丁計
　　御註曰與天地爲常故能長生與日月參光故能久視○文定曰以嗇治人則可以有國以
嗇事天則深根固蔕古之聖人保其性命之常不以外耗內則根深蔕固而不可拔雖長生久視可也．
蓋治人事天雖有內外之異而莫若嗇則一也○程伊川曰修養之所以引年國祚之所以祈天永命
常人之至於聖賢皆工夫到這裏則有此應矣．

右五十九章河上名守道此章明用嗇之道治人則國祚延事天則壽長久．

治大國若烹小鮮
烹．普庚切．煑也．鮮．仙音．魚也．謂不可□也．

以道莅天下其鬼不神非其鬼不神其神不傷民非其神不傷民聖人亦不傷民夫兩不相傷故德交歸
焉．
莅．力至切．臨也．所感之機莫不由我是以聖人無爲而人各安其自然外無所求內無所畏則陰陽和而
萬物理故鬼亦無所用其神非其神不傷乎人非神不傷人以其聖人不傷於民所以鬼
神莫不感其德化惟兩者交悅衆德交歸乃爲至德之治矣列子之論□治至於物無疵癘鬼無靈響
亦此意也○文公曰若是王道修明則此等不正之氣都消鑠了．

右六十章河上名居位此章明用□則德交歸
大國者下流

治人事天莫若嗇

嗇音乃嗇省精神而有斂藏貞固之意學者久於其道則心廣氣充而有以達乎天德之全所謂至誠為能盡己之性而後能盡人之性乃至與天地參矣蓋天人一理了無間然孟氏云存心養性所以事天是也

夫惟嗇是謂早復早復謂之重積德

嗇去重擊再也○文公曰早復者言能嗇則不遠而復重積德者言先已有所積復養以嗇是又加積之也如修養者早覺未損失而便嗇之也

重積德則無不克無不克則莫知其極

惟德可以勝物故己私盡克則其分量不可窮極矣

莫知其極可以有國

德量如此則可以兼容天下矣

有國之母可以長久

民之附德猶子慕母蓋國之本在身身有其道則可長久若以身為國則母即雌一之根柢而性命之

是謂深根固蒂長生久視之道

常雖生死不能變故曰長久

惟世人迷於小察之近情而不知正道之大全故不能安於至正而反為奇以為正不能循於至善而反為妖以為善及其所應既差又不知反求在我之所感而乃責其彼之所應者此皆迷失正道日已久矣亦猶為政不能以悶悶之德量容之而反務於察察以為善與正殊不知若此則是本欲全民而反致缺缺矣故下文舉聖德以勸修也〇開元註云衆生迷執正者復以為奇詐善者復以為妖異故禍福倚伏若無正耳

是以聖人方而不割

惟行方而德圓故無割截之迹．

廉而不劌

劌居衛切傷害也清而容物故不劌．

直而不肆

大直若屈以不肆肆布列也

光而不耀

復歸其明也是四者皆悶悶之政也蓋聖人惟恬淡無為而方廉直光之用自鏊然於其中而人不知使天下各安其性命之情而不陷於一偏所以無割劌肆耀之過而禍福何有哉

右五十八章河上名順化此章欲使民去智與故循天之理以其袪其近見之惑也

日入於盜賊矣。

故聖人云我無為而民自化我無事而民自富我好靜而民自正我無欲而民自樸。

此自然之應而無為之成功也

右五十七章河上名淳風此章明無為之治

其政悶悶其民淳淳

悶 叶音莫奔切 寬裕無為之象夫有德者其於義分莫不截然明白而其量則寬洪故為政以德則不察察

於齊民雖以俗觀之若不事於事然民實感自然之化乃所以為淳和之至治也

其政察察其民缺缺

惟不知修德以為政之本而專尚才智乃欲以刑政齊民然民未可以遽齊茍務在於必齊則必有

所傷故缺缺也此所謂害生於恩禍福倚正猶是矣

禍兮福所倚福兮禍所伏孰知其極

謂禍福相因莫知其所止極也

其無正邪

若然則果無正定之理耶

正復為奇善復為祆民之迷其日固久。

至道之真語默不足以載惟親證者知之。

塞其兌閉其門挫其銳解其紛和其光同其塵是謂玄同

義見四章及五十二章蓋內外交養默與道會而不異於人也

故不可得而親不可得而疏不可得而利不可得而害不可得而貴不可得而賤為天下貴

此言有德者之為如此惟其周而不比執而圓機以應無窮故不住乎一境豈情計之所能及哉此夫

子所以發猶龍之歎也

右五十六章玄德此章謂悟道者忘言無執故內外兼治混合大通所以貴也

以正治國以奇用兵以無事取天下吾何以知天下其然哉以此

文定云古之聖人柔遠能邇無意於用兵雖無心於取天下而天下歸之矣

天下神器不可為也是以體道者廓然無事然後有征伐之事故以治國為正以用兵為奇夫

天下多忌諱而民彌貧人多利器國家滋昏人多伎巧奇物滋起法令滋彰盜賊多有

謂失無為之治而多忌禁則民將舉措失業而機械生焉以身喻天下則心為君氣為民而拘小術鑿

私智溺多岐縱六賊故不能無為也。文定云人主多忌諱下情不上達則民貧困而無告奇物奇怪異物

謀也在上無為使民無知無欲而已惟以智則民多權謀而上益眩而昏矣奇物奇怪異物權

也人不敦本業而趨末伎則非常無益之物作矣患人之詐偽而多出法令以勝之民無所措手足則

六七

212

知和曰常。

曹曰和者生理之常知和則純粹靜一歷萬變而不失也。

知常曰明。

由明乃能見此常久自然之道亦必能常然後其道愈明故知常則明莫加焉。

益生曰祥。

刻意有為皆曰益生祥者妖也○達真子曰祥者非其常也文定曰生不可益而欲益之則非其正矣。

心使氣曰彊。

是妄作也經云不知常妄作凶是也

心動則不能專氣以致柔乃彊之始是失其赤子之心矣。

物壯則老是謂不道不道早已。

以止此也益生使氣皆失自然之道是徒速其衰老也苟知不合於道宜早已之

右五十五章河上名玄符此章首以赤子明自然之本體純粹混然所以物莫能窺故雖握雖號亦莫

非出於自然也末則戒其纔有絲毫作為之心則失其自然矣黃茂材云古本無嗄字而嗄莊子

之文也後人增之

知者不言言者不知。

餘以治人然修之身此理也推之國家天下不外乎是而已○溫公曰皆循本以治末由近以及遠也．

故以身觀身以家觀家以鄉觀鄉以國觀國以天下觀天下吾何以知天下之然哉以此觀之之道其則不遠豈假他求哉蓋物分雖殊一本而已以此觀之莫不然者此意當默契於語言之外○開元疏云以修身之法觀身實相本來淸靜有見旣遣知空亦空頓捨二偏迥契中道可謂契眞矣．

右五十四章河上名修觀此章明修身以及物修之彌廣則所及彌遠致知格物不外乎此．

含德之厚比於赤子．

含懷至德如嬰兒然．

毒蟲不螫猛獸不據攫鳥不搏．

螫音釋厭縛搏慢虛船觸舟雖偏不怒全天之人物無害者○碧虛曰毒蟲蜂類以尾端肆毒曰螫猛獸虎豹類以爪拏按曰據攫鳥鵰鶚類以羽距擊奮曰搏．

骨弱筋柔而握固未知牝牡之合而朘作精之至也．

朘子垂反．說文云赤子陰也○文定曰無執而自握無欲而自作是知精有餘而非心動也．

終日號而嗌不嗄和之至也．

號戶毛切．啼也嗌益音咽也嗄所嫁切．聲嘶也○文定曰心動則氣傷氣傷則號而嗄故知心不動則氣和也．

朝者國主所居之地甚除謂多用也而心君之多思慮也亦然、

田甚蕪倉甚虛、

謂內無所儲也若以身而言則田三田也倉則精氣所藏之地如胃為太倉之類、

服文采帶利劍厭飲食財貨有餘是謂盜誇非道也哉

厭多也此皆不務修內而反矜施其外是謂盜也夫豈大道之行也哉此傷歎之辭也、○溫公曰服美不稱貪積不厭故曰盜誇所以有此誇者豈非本欲行道而更鑿以致失

右五十三章河上名益證此章言有知不足以明道好徑不足以行道及以未證為證未得為得皆非道也

善建者不拔善抱者不脫子孫祭祀不輟、

惟道範圍天地流行古今該上下而不拔周萬化而不脫陰陽之相代故新之相易猶子孫相承而不窮也學者必先建中以立其本則實無所倚而不拔抱一以專其守則實無所執而不可脫及德盛而利他則後覺之所宗乃至源深流長傳之後世愈久而愈親也○溫公曰不拔者深根固蔕不可動搖不脫者民心懷服不可傾奪不輟者享祚長久是也

修之身其德乃真修之家其德乃餘修之鄉其德乃長修之國其德乃豐修之天下其德乃普

真則不偽也餘則綽然裕如也長者無不及也豐者無不足也普者無不徧也蓋道之真以治身其緒

則捨其內而專務於悅外故終身役役而不救。

見小曰明守柔曰彊用其光復歸無明無遺身殃是謂襲常

遺反唯季貽也惟道無形不可以目窺可謂小矣不可以力得可謂柔矣察之精而不爲物所蔽故曰明與守之專而不爲物所奪故曰彊學者潛心體察放下玩味則涵養之功得矣又見與守是用功處明與彊乃效驗處明者體也光者用也言靜存之體旣立則動察之用必行猶明之光照物體不傷而用不窮然又須和其光而不耀冥其慧於無知則退藏於密而殃咎不能及矣如是之謂善傳襲眞常之道也夫德愈盛則心愈下旣到此地自無遺殃之患此爲學者語也

右五十二章河上名歸元此章明返本還元之道或云始者氣也凡人受氣以生則氣爲母而神則寓於氣故爲子母相守則神安氣專此亦入道之初機也

使我介然有知行於大道惟施是畏

大道坦然無從無適不可以智知不可以識識無所施設作爲而已今欲介介然有知行於大道是此心先有所倚着矣故惟如此施爲是可畏也蓋前章旣勉人以守母之行故此又戒人以有爲之害也

大道甚夷而民好徑

好去聲定觀經云背道求道怨道不慈蓋好捷徑則終無可至之理

朝甚除

義則資始之謂生包涵之謂畜遂其形之謂長字其材之謂育輔其功之謂成終其時之謂熟保其和之謂養護其傷之謂覆首言德畜之而此則皆歸於道蓋莫非道也首言道而終歸玄德者苟不至德則止道不凝焉其實一也

右五十一章河上名養德此章言妙本應感生成之旨明萬物尊道貴德之由次美生育之功終讚忘功之德也

天下有始以為天下母既得其母以知其子既知其子復守其母沒身不殆

未有天地自古固存而物各資始以生故謂之母原乎始既得其母則體斯立矣又當察其未嘗不在乎有物之中則凡資於道而生者莫非子也故反乎沒以知其子則用不窮矣既知其子又不可迷本逐末故告之以復守其母人惟體乎無為自然而純亦不已則萬物萬事亦各自得其所此外初無別法亦非有意於守也所謂應物者化在躬者神如斯而已矣蓋道之體混然則萬殊之所以一本故得其母以知其子道之用無窮則一本之所以萬殊故知其子而復守其母夫如是故能混本末精粗為一致而原始反終死生無惑矣故云沒身不殆也

塞其兌閉其門終身不勤開其兌濟其事終身不救

易云兌說也蓋心意愛悅則染著也門者諸根之門也曰塞曰閉則告學者守母之行也謂慎言語節飲食閉情念葆神氣神聽以禮動靜以和此皆所以養形而養德也是以終身不勞而有成苟或反是

分生死之道矣吾又知作而不知息知言而不知默知思而不知忘以趣於盡所謂動之死地者也而

清源子之說亦然但死之徒與動之死地亦若無別愚所以獨明是氣之伸屈陰爲生死之徒而以入用

爲動之死地也蓋仙道貴生故方生之氣陽也況乎天鬼道貴終故以退之氣陰也況乎地人道貴心

則可以生可以死故入用之氣中和況乎人至所謂不生不死之一則非數而數以之通不用而用

之成乃況乎道此其所以周流乎三者之間而非三者之所能拘也猶經世書三用之意

亦三以況天地人而一況道也故以元亨利貞之交爲數其貞與元之間有無之極也是以無數故

無數則存乎茭核乎前輩以康節爲得老子之旨信哉

道生之德畜之物形之勢成之是以萬物莫不尊道而貴德道之尊德之貴夫莫之爵而常自然

道爲萬物母德乃道之在我者也在天地爲天地之德在聖人爲聖人之德道則始之所以生生者德

則牧養羣衆而不辭非其德則萬物不得遂其生故云畜也物者德之所以形見者也勢者萬物

之理相因而成者也如是則烏得不知崇其本哉所以莫不尊道而貴德也夫受命於天則爲天子受

命於天子則爲諸侯有所受命者能卑賤之而道在萬物之先以制其命果孰能爵之乎惟予

奪不屬他人故常自然而所以尊且貴也

故道生之畜之長之育之成之熟之養之覆之生而不有爲而不恃長而不宰是謂玄德

上聲 此八者皆大道之元功而不有不恃不宰皆出於無我乃德之至深矣遠矣故曰玄德八者之

攝念歸無乃善攝生者關尹所謂亡精神而超生是也如是則一亦不立故其天守全其神無卻物無
自而入焉所以數不能拘患不能及生地且無安有死地哉故曰至人無已與道同體
右五十章河上名貴生此章明善攝生者以至無爲宗故能遠患害超生死也然爲之說者不一如河
上公韓非碧虛子葉夢得林東皆以四支九竅爲十三而動靜屬於生死昧者自戕自賊動與惡會而
之死地矣若是則死之徒與動之死地者皆無以別況十三者特形耳其所以動靜者豈由此哉杜廣成以
十惡三業爲十三又有七情六慾之說者李文恕曰腎爲坎生門也心爲離死戶也一周十二辰消
而再始是爲十三且遺其動之死地之十三開元註孫登司馬郡王曹皆曰十八之中各有三人爲大
率謂柔弱以保生者十中有三則彊以速死者十中有三又志愛生而不免趨死者亦十中有三曹曰
修長生者生之徒修寂滅者死之徒枉縱之人全以嗜慾動作皆趨死地焉爲蜀趙氏又以五行生死數
爲十三其說以甲己子午九乙庚丑未八丙辛寅申七壬卯酉六己亥獨居四之訣數如水在於
申數七死於卯卯數六合十三也餘可推此乃合例雖近註多取此說然矢口成書豈必若是況五行
有三乃可矣黃曰水之成數六火之成數七爲十三
而獨擧其二且棄生數而獨取成數果何謂乎又有出腎水而入於心爲出生入死者且引張平叔陰
裏十三陽中六十之詩爲之證所謂攝生則是取坎之實以點離虛至於無死地則變成乾體矣其說
似通而實非經旨文定曰用物取精以自滋養者生之徒也聲色臭味以自戕賊者死之徒也二者既

出生入死．

性無生死其出入乘氣機耳故是氣之伸則萬物出於機而謂之生是氣之歸則萬物入於機而謂之死．

生之徒十有三死之徒十有三人之生動之死地亦十有三夫何故以其生生之厚．

十乃成數故舉為例蓋謂自生至壯乃氣之伸生之徒也於十分之中居其三焉自老至死乃氣之歸死之徒也於十分之中居其三焉人之生也自壯及老之間乃動而入用之時亦十中居其三焉苟動失其正則用壯從妄皆動之死地矣經云物壯則老是謂不道是也夫何故者設問之辭也以其生生之厚者答之之辭也謂由其益生欲厚而不能忘我是以逐於妄而之死地耳蓋惟溺於貪生則必有死為之對而於不屬生死無所對待之一者芸芸乃生生之甚也亦能至靜以養虛明則動靜兩忘未嘗離靜而動靜惟無以生為者乃善攝生者之所為也○文定云生之徒十言之三者各居其三矣豈非生死之徒九而不生不死之道一而已乎不生不死則易所謂寂然不動者也老子言其九不言其一者使人自得之以寄無思無為之妙也

蓋聞善攝生者陸行不遇兕虎入軍不被甲兵兕無所投其角虎無所措其爪兵無所容其刃夫何故以其無死地．

兕音似山海經云兕出湘水南蒼黑色爾雅云形似野牛而一角蓋聞者謙辭不敢自道也夫反流全一

道德經集解　卷下

五九

取者、取而化之也蓋克己復禮而天下歸仁之意．黃茂材曰無所不知而後可以言學故學欲日益益者已化然後可以言道故道欲日損然益者可以進損者不可彊損而未能兼忘其損未爲損也直須瞥地脫落前後際斷乃至無爲之地故能無所不爲而應用不窮施於天下綽綽然矣

右四十八章河上名忘知此章言損有集虛其益無窮

聖人無常心以百姓心爲心

惟聖人無我故其心不滯於一而物來順應矣

善者吾善之不善者吾亦善之德善信者吾信之不信者吾亦信之德信

御注云舜之於象所以善信者至矣．人之有生同具此理聖人於人莫不皆以善信遇之此聖人之德量也蓋善不善信不信在彼而吾善吾信未嘗渝此聖德之善信矣苟善善信信而絕其不善不信者則豈所謂常善救而不棄哉

聖人之在天下慄慄爲天下渾其心百姓皆注其耳目聖人皆孩之

慄．圖協憂勤貌去聲渾胡本反天下之善惡信僞皆未知所定聖人則慄慄然爲天下渾心蓋欲融化其異而混合其同故無善惡無信僞皆一以待之彼方注其耳目以觀聖人之予奪吾皆以嬰孩遇之

若保赤子此聖人之誠心也則彼亦將釋然而自化矣皆孩之意謂不生分別也

右四十九章河上名任德此章明虛心而應物均養以自然之德

罪莫大於可欲．禍莫大於不知足．咎莫大於欲得．

究其根本原於縱欲〇文定曰匹夫有一於身患必及之侯王而爲是必戎馬之所自起．

故知足之足常足矣．

黄茂材曰一性之內無欠無餘人能安之無適不足

右四十六章河上名儉欲此章戒貪求之貽害貴知足以爲常

不出戶知天下不窺牖見天道

天地萬物同出於道反身而誠萬物皆備〇溫公曰得其宗本故也．

其出彌遠其知彌少

溫公曰迷本逐末也

是以聖人不行而知不見而名不爲而成

蓋清明在躬無爲而已〇溫公曰至理不易也

右四十七章河上名鑒遠此章言有眞知之明則可以超見聞之域故無爲而化成也．

爲學日益爲道日損損之又損之以至於無爲無爲而無不爲

開元註云因益以積功忘功而體道

取天下常以無事及其有事不足以取天下

惟量之大故直而不肆初無涯涘之可窺然於正己以矯物者觀之則若屈也

其功用至於參贊化育雕刻衆形而體則無爲故若拙也

大巧若拙

大辯若訥

離語默而萬理昭融超見聞而重玄了悟故若訥也

躁勝寒靜勝熱清靜爲天下正

動屬陽靜屬陰故躁勝寒靜勝熱然皆未免於一偏而有所對待若夫清靜者則御六氣之變乘天地之正動未嘗動靜未嘗靜而動靜一致矣故爲天下正

右四十五章河上名洪德此章言體大道之全而爲天下正或云苟成而不若缺盈而不若冲直而不若屈巧而不若拙辯而不若訥是躁之不能靜靜之不能躁耳夫躁能勝寒而不能勝熱靜能勝熱而不能勝寒皆滯於一偏也惟泊然清靜則非成缺辯訥之所能定而後無所不勝乃所以爲天下正而能成其大矣

天下有道却走馬以糞天下無道戎馬生於郊

却與卻同除去也糞治田疇也戎馬者備戰之馬也郊者二國相交之境也以內言之心君泰然則却返氣馬以培糞其本根反是則氣馬馳於外境矣

溫公曰得名貨而亡身與得身而亡名貨二者孰病〇文定曰不得則以亡為病既得而病失又有甚焉。

是故甚愛必大費。

以隨侯之珠彈千仞之雀皆甚愛之迷也。

多藏必厚亡。

無藏則無所亡。〇開元註甚愛名者必勞神非大費乎多藏貨者必累身非厚亡乎。

知足不辱知止不殆可以長久。

惟審於內外之分則知止知足而無得失之患故能安於性命之常亦何殆辱之有所以可長久也漢之二疏會事斯語。

右四十四章河上名立戒此章明去偽全真則可久也。

大成若缺其用不敝。毀祭

敝壞也體至道之大全而盛德若不足故其用愈久而愈新也。

大盈冲其用無窮。

道備於己而有若無實若虛故積愈厚而用不窮此兼用而言下則略文也。

大直若屈

則尊而父親是以言而隱情如易曰無有師保如臨父母卽此意也今專曰父者教道主尊嚴也

右四十二章河上名道化此章言道寓於陰陽而生萬物亦莫不以冲和爲用也

天下之至柔馳騁天下之至堅無有入於無間吾是以知無爲之有益

去○惟道無形故曰至柔惟物有質故曰至堅馳騁猶運化役使之意道之妙物皆以無形而鼓舞有質也夫道體無有化生衆形泰山秋毫待之成體故其入於物也初無間隔又道體圓攝無之與有並囿其中混然無間是則道在物中物在道中皆無間也人能體之則相得性融廓然無爲而利益不窮矣○文定曰聖人惟能無爲故役使衆疆出入羣有

不言之敎無爲之益天下希及之

希罕也○王輔嗣曰至柔不可析無有不可窮以此推之故知無爲之道而有益於物也夫孰能過此哉

右四十三章河上名徧用此章讚虛柔無爲之有益也

名與身孰親身與貨孰多

身者神之舍豈不親乎名者實之賓其可尚乎況身一而已外物無窮苟棄身而徇名役一以求多愚莫甚焉蓋人能弘道故身者道之本也○文定曰若夫忘我則身且不有況名與貨乎

得與亡孰病

道生一一生二二生三三生萬物．

於成物者體此道也．

朱文公曰道卽易之太極一乃陽之奇二乃陰之耦三乃奇耦之積其曰二生三猶所謂二與一爲三也其曰三生萬物者卽奇耦合而萬物生也若直以一爲太極則不容復言道生一矣此與列子易變而爲一之語正同所謂一者形變之始耳不得爲非數之一也

萬物負陰而抱陽冲氣以爲和．

凡動物之類則背止於後陰靜之屬也口鼻耳目居前陽動之屬也故曰負陰而抱陽．如植物則背寒向暖而冲氣則運乎其間又統而言之則神陽而質陰神運於中曰抱質見於外曰負氣則動陽而靜陰乃濟之以中和而充乎形質爲神所乘之機也○溫公曰萬物莫不以陰陽爲體以冲和爲用○文簡曰陰陽氣偏及交會而氣和是二之交爲而三三之偏焉而萬者也

人之所惡惟孤寡不穀而王公以爲稱故物或損之而益益之而損．

人之所教亦義教之彊梁者不得其死吾將以爲教父．

惡聲去○溫公曰滿招損謙受益所以去甚泰就中和也．

彊聲平○苟知損益之義如此則人之所以設教亦宜皆以我冲和之義教之是知彊梁者妄之極而終至於不得其死尤當知警而不可從也故曰吾將以爲教父父者本也且教乃師道然師則尊而不親父

潛修密行立德而不自衒也玄網論云功陰則能全亦此意也

質眞若渝

渝、羊朱切。變也。質眞純素也惟文質兼備則不執於一故隨物變而內不失其眞外若渝也

大方無隅

隅者角地也大方無畛域之可窮故無隅

大器晚成

積之久者發必洪故大器則不速成

大音希聲大象無形道隱無名

經云聽之不聞名曰希故大音希聲經云無象之象故大象無形此雖超乎視聽之表然而冥冥之曉、無聲之和亦何嘗不昭然於見聞之間哉是皆中士之若存若亡而下士之所以大笑也此十二者乃道之或隱或顯寓於事物者也而道之大全則隱於無名焉

夫惟道善貸且成

貸施與也成謂物賴之以成功也

右四十一章河上名同異此章言道之大全中下難知蓋道無形無名故不可以有為之功而致其極、惟能潛沈涵泳則道自來居此道之所以善施與萬物而成其全之無私也是以古之學為己而終至

建言有之．

謂古之立言者有曰下文皆勤行之狀也．

明道若昧．

惟明了精瑩故遺形去智而含光不耀也．

進道若退．

為道日損損之又損以至無為故若退也．

夷道若纇．

夷平也纇絲之不勻也高下俱融與物無際然以俗觀之則若有節纇而不可取以為用也．

上德若谷．

上德不德若谷之虛．

太白若辱．

忘色相者能納污也．

廣德若不足．

廣而有所限量則非廣矣惟德至廣而不自以為足故能廣也．

建德若偷．

右三十九章河上名法本此章讚一之功用至大而終則告以毋執於一也

反者道之動弱者道之用

反靜者道之所以動體弱而用實彊也言動不言靜言弱不言彊乃互文以見意而體用之義亦明矣謂復乎靜有以立其體然後動之用所以行語其體之寂然無朕則弱矣而其用之遠而不禦亦彊矣此雖體用動靜周流無間然而動也必本乎靜用也必源乎體故元化之工則藏於冬乃所以蕃於春為學之道則精義入神乃所以致用之本也

天下之物生於有有生於無

此又以生物之義證之謂凡物皆自氣化而形生乃生於有矣然原其始之所以生則道也而道初無形容聲臭之可卽故曰生於無

右四十章河上名去用此章明崇體以致用也或云道以靜為正故動則為與道相反矣若爾則是以道為專屬於靜矣殊不知動靜者氣也而道則宰制乎動靜而不囿乎動靜者也或云反常合宜乃道之動而應變此顯權也以弱自守乃道之常用此顯實也而有生於無則權實泯矣

上士聞道勤而行之中士聞道若存若亡下士聞道大笑之不笑不足以為道

道非形聲不可見聞惟上士所稟純靜見識超越故一聞無疑如空印空造次不違中士見之可上可下故或信或疑下士則智不足以明信不足以守莊子所謂高言不止於衆人之心故大笑之也

裂震發之變。由失一也然一未嘗失故云將恐蹶蓋致疑之辭也且一之爲物無去無來奚得喪哉直氣
數之或餘或縮莫能稱是一之所爲耳故陰陽書曰天裂者陽氣之不足君德之衰微地震者陰氣之
有餘臣道之失職如晉惠帝元康中天裂數丈殷然有聲周幽王二年三川震岐山崩蓋此類也乃至
神所以謂之神者以其靈而已而其所以靈則得一而已苟無以靈則是其靈已息矣歇息也谷無以
盈則不能受而應亦有所窮矣故曰竭也萬物則資一以生失之則滅侯王無以正則是失道不能以
自安而國家不可保矣雖然一非無也特外邪客氣或有以蔽其正爾首言天者之大也終言王者、
天地民物之主也惟王能全其一以爲天下正則天地位而萬物育矣○碧虛子曰會歸戒于王侯是
也。
故貴以賤爲本高以下爲基是以侯王自謂孤寡不穀此其以賤爲本邪非乎
穀美也邪耶。文定曰夫一果何物哉視之無形執之不得亦天下之至微此所謂賤且下也侯王以
孤寡不穀自稱言得一以爲之本也
故致數譽無譽不欲琭琭如玉珞珞如石
琭音祿玉貌珞音洛石貌琭當作數聲速也謂不能牧謙以賤爲本而欲速致貴高之譽者是數譽也。如此則
過情之譽暴集無實之毀隨至是無譽也然亦復不欲如玉之貴而不能賤石之賤而不能貴也蓋惟
不倚於一物則不可得而毀譽貴賤矣此苟非得一者孰能哉

當秋冬之交蓋欲以貞固之道化斯世而復春乎或曰序不同何耶曰經世有因有革故依順布之敍此言名跡之流弊故全其華如化書云仁不足則義濟之金伐木也義不足則禮濟之火伐金也、禮不足則智濟之水伐火也智不足則信濟之土伐水也然則居實處厚乃義之實又所以爲始之終之始者歟○郭德元嘗問於朱文公曰老子忠信之薄而亂之首孔子又卻問禮於他不知何故文公曰老子曉得禮中曲折蓋他曾爲柱下史於禮自是理會得所以與孔子說得如此好只是他又說這箇不用得亦可一似聖人用禮時反若多事所以如此說如禮運中謀用是作而兵由此起等語便自有這箇意思也

昔之得一者天得一以清地得一以寧神得一以靈谷得一以盈萬物得一以生侯王得一以爲天下正其致之原缺

夫一卽道也自古固存故云昔也凡物各具而道未嘗異故曰一也天以之清地以之寧神以之靈谷以盈萬物以生侯王以正其各能致乎當然之分者皆一之所爲也○溫公曰以事言之常久不已所謂一也

天無以清將恐裂地無以寧將恐發神無以靈將恐歇谷無以盈將恐竭萬物無以生將恐滅侯王無以貞而貴高將恐蹶其月缺反

顚仆也天之所以清明而職生覆地之所以寧止而職持載者得一也苟無以清寧則必有缺

前識者、道之華而愚之始。

此用智者之事也謂從智於求明、或臆度而屢中、然終不能以周知通所以弊其自然之明覺乃愚之始也、孟子亦曰所惡於智者為其鑿也、蓋弊於華藻則不能全大道之純素、非愚而何

是以大丈夫

有高世之志而不徇流俗者謂之大丈夫。

處其厚不處其薄、居其實不居其華、故去彼取此。

處去聲○文定曰世人視止於目、聽止於耳、思止於心、故樂其有得於下而迷其上。

喜薄而遺厚、朵華而棄實、自非大丈夫、孰能去彼取此哉

右三十八章河上名論德、此章明全德而勸還淳、或問道德五常、其有辯乎其無辯乎、何用之異也、曰一年則曰春禮夏義曰秋智曰冬得、其實之謂信、故言中有殺義之仁則殺中有生如二月榆死八月麥生之類也、其於天下也亦然、皇極經世書曰三皇以道化天下、五帝以德教天下、三王以功勸天下、五伯以力率天下、三皇同仁而異化、五帝同禮而異教、三王同義而異勸、五伯同智而異率、是知三皇之世如春也、五帝之世如夏也、三王之世如秋也、五伯之世如冬也、老子與關尹相遇之時其

仁義禮智猶春夏秋冬之號也全是四者則曰得其仁之盛則曰春禮曰夏義曰秋智曰冬各得其量之所充而得諸己也、道猶混然之元氣也、德猶年與時之名也、德則統體者也道則隨其量之所充而得諸己也

烏乎無辯道則統體者也德則隨其量之所充而得諸己也

四七

上爲之而有以爲

之而無用於爲也

上義爲之而有以爲

義者事之宜而有割截之意故次爲

上禮爲之而莫之應則攘臂而仍之

禮者、天理之節文人事之儀則實以忠信爲本而尙繁文則末也今曰爲之、則從其文以彊之有不肯從則繼之以攘臂而末流有不勝其弊矣老子時當尙文之極故獨言之也切蓋欲以無爲自然之道化斯民也此三者只言上而下者已不足言矣攘臂謂攘除衣袂以出臂也、仍繼也○溫公云仍引也

字或作扔

故失道而後德失德而後仁失仁而後義失義而後禮。

道體混然乃天地人物之所公共也人體是理而得諸己無待於外之謂德初非道之外別有所謂德也但旣謂之德則有上下倫辯之分乃不若道之偏該故不德則德之至而全體是道矣若夫執而有之則下德之未能化而失乎道之全也故曰失道而後德關尹子曰彼可得者名德不名道是也蓋德之名顯則道之名泯仁之名顯則德之名泯愈趨愈下而所尙亦愈偏矣莊子曰道隱小成信哉

夫禮者忠信之薄而亂之首也

苟文之極故其本質漓而末流則亂之所由生孔子所以欲從先進皆此意也。

四六

太上老子道德經集解卷下

德經下篇

上德不德是以有德

御註曰孔子不居其聖乃所以有德○體道而有得於己之謂德○王顧等云有德則遺其失不德則遺其得

下德不失德是以無德

拳拳服膺而不敢失是未能化者也故必上德為有間矣

上德無為而無以為

以者用也謂無用於為也下同上德者至德也無為而已

下德為之而有以為

此必思而後得必勉而後中乃行而未至者之事也以其尚滯於有為故未能全乎至道此皆釋其所以為上德下德之分也

上仁為之而無以為

仁者心之德愛之理專言之則可包四者此非指統體之仁而言故於上德為有差等然仁者靜雖為

寂然不動萬理畢具感之則應萬事不遺．

侯王若能守萬物將自化化而欲作吾將鎭之以無名之樸．

常體夫至道則不教而自化然久則必變譬如嬰兒之發知又當定之以無欲無欲故靜乃道之全體也所謂無名之樸是矣

無名之樸亦將不欲不欲以靜天下將自正

苟有欲樸之心則失其全體矣此乃盡性以至命大而能化者也夫如是乃謂之眞靜故天下之物莫不成化而各全性命之正矣

右三十七章河上名爲政此章明體道而能化復兼忘於玄悟也自首至此凡三十七章爲上篇

雖亦可以聚人於片時然終有時而窮則彼將捨之而去矣、莊子喻蘧廬止可以一宿是也若夫大道則雖湛然無形聲臭味之可得然其用則不可盡矣既盡也

右三十五章河上名仁德此章明體道之效無窮

夫欲極必歙與之將欲廢之必固興之將欲奪之必固與之是謂微明

將欲歙之必固張之將欲弱之必固彊之將欲廢之必固興之將欲奪之必固與之是謂微明理之必然所謂物之將歙必是本來已張然後歙者隨之此消息盈虛相因之理也其機雖甚微隱而理實明著惟以清靜柔弱自處者不入其機也

柔弱勝剛彊

惟柔弱自居則無心於勝而理自然也此守復之說也若剛強則是已過盛矣衰必隨之

魚不可脫於淵國之利器不可以示人

蓋抱道在己而退藏於密也利器者利用出入民咸用之而有國者秉其機以制人者也非惟不可以示人蓋亦不得而示於人也陰符所謂盜機是也民可使由之而不可使知之○文定曰魚之爲物非有爪牙之利足以勝物也然方其託於深淵雖彊有力者莫能執之及其脫於淵然後人得而制之聖人惟處於柔弱而不厭故終能德服天下此豈與衆人共之者哉

右三十六章河上名微明此章示消息盈虛者理之常而守柔弱者不入其機也

道常無爲而無不爲

汎、通作泛無滯貌惟不麗於一物不離乎當處無處不有無時不然是以左右逢其原也。

萬物恃之以生而不辭功成不名有

物之所以資始生而不遺且不自有其能

愛養萬物而不爲主常無欲可名於小萬物歸之而不爲主可名於大

仁乃愛之理故仁養生萬物而不示其宰制之功故常靜而無朕迹之可見亦小之至矣萬物變往而

莫窺其相量之限故恢恢焉而無形體之可卽亦大之至矣此所以汎兮其可左右也

是以聖人終不爲大故能成其大

大而有我則小矣惟上聖與道爲一所以大也。

右三十四章河上名任成此章謂成光大之德者皆由於法道也

執大象天下往往而不害安平泰

無象之象故曰大象執者體之而不違也道爲萬物母物來附德猶子歸母往者歸也然衆之歸苟存

有我之心則害矣惟上聖虛己存誠利而不害故兩不相傷而其心安靜平和舒泰也〇莊子曰聖人

處物不傷物物亦不能傷也唯無所傷者爲能與人相將迎亦此意也

樂與餌過客止道之出口淡乎其無味視之不足見聽之不足聞用之不可旣

樂音岳出聲淡切徒暫謂不知執大象而拘局於一曲之道者亦猶樂聲之快耳芻豢之悅口過客之留止

血氣之勇不可有故勝人以力者非所尙也理義之勇不可無故克己復性則不屈於人欲而彊莫加焉

知足者富．

惟自知故知足常足綽然有餘

彊行者有志．

惟自勝故志於道而自彊不息則物莫奪其志而與天同健矣

不失其所者久．

所猶艮卦止其所之所惟知道而能行則自得其所而居安矣故雖物變無窮而心未嘗失乃無日而不自得所以久也

死而不亡者壽．

惟能自知自彊而不失其所乃壽之實也此卽不隨生死所變者卓然而獨存是烏可以數量論哉初非言精神魂魄物而不化猶有滯乎冥漠之間也於此須見得徹　邵若愚曰形雖死而性不亡

右三十三章河上名辯德此章首言自知則智及之矣然後立志果而安命分乃至力行以極其所當止是以沒身不殆也此女媧之所以必朗徹見獨然後能無古今而入於不死不生是也

大道汎兮其可左右．

四一

右三十一章河上名偃武此章謂兵者不祥之器不可以爲常也王弼云此章疑非老子所作然此語蓋因時而發也

道常無名樸雖小天下莫敢臣侯王若能守萬物自賓天地相合以降甘露人莫之令而自均令反。力正。猶教命也樸喻道之全體也以其無形故曰雖小以其先於品物故莫能臣○溫公曰王侯守道則物服氣和民化亦猶冲氣合一而甘露降出於自然而平施徧被脗然浹洽於萬物此所謂三才用會于道也

始制有名名亦既有夫亦將知止知止所以不殆

文定曰散樸爲器故因器制名然豈苟名而忘樸逐末而喪本哉蓋亦將知心而復於性是以乘萬變而不危殆也

右三十二章河上名聖德此章言守道則可常也

曹曰江海水之宗川谷水之派異派終會于宗殊名同歸於道。

嘗道之在天下猶川谷之與江海。

知人者智自知者明

分別爲智知人也蔽盡則明見性也既明則非惟自知亦可及人矣。

勝人者有力自勝者彊

右三十章河上名儉武此章謂輔相以道則人心愛戴而用兵爭彊不足服人．

夫佳兵不祥之器物或惡之故有道者不處．佳去上聲下同．佳兵者用之善者也然兵終爲凶器凡有知覺之物猶且惡而避之況有道者乎惟以之濟難而不以爲常故不處心於此也．惡聲處

君子居則貴左用兵則貴右．

左爲陽好生爲陰陰主殺．

兵者不祥之器非君子之器不得已而用之恬惔爲上聖而不美．恬杜覽切安也好生惡殺而無心於勝物故也

而美之者是樂殺人夫樂殺人者不可得志於天下之志樂聲惟不嗜殺人者爲能得天下之志．

吉事尚左凶事尚右偏將軍處左上將軍處右言以喪禮處之殺人衆多以悲哀泣之戰勝則以喪禮處之．

喪聲平．○碧虛子曰右爲陰主死故喪禮尚右凶也．上將軍專殺伐之權故處右偏將軍則不專殺伐也．○黃曰夫兵之不可去者以盜賊敵國之爲人害也身猶國也利欲之害人亦然惟有道之士虛無恬惔無所慕悅尚何慮於外物聲色之害吾也哉

上聲．除也聖人知外物之不可必而事勢之相因亦理之常故任其自然而不欲使其盈且過也故泰卦曰后以裁成天地之道輔相天地之宜以左右民

右二十九章河上名無爲此章謂惟無爲自然則可以有常

以道佐人主者不以兵彊天下其事好還師之所處荊棘生焉大軍之後必有凶年

彊切．好聲還音旋處聲． 渠良去．音上．

御註曰孟子所謂反乎爾者下奪民力故荊棘生焉上干和氣故有凶年

故善者果而已不敢以取彊

已音以下亞同．

兵固有道者之所不取然天生五材亦不可去譬水火焉在乎善用惟以止暴濟難則果決於理而已凡理義之在我則所守者不屈矣春秋傳曰殺敵爲果言殺敵者令不相侵而已何敢取彊於天下哉

果而勿矜果而勿伐果而勿驕果而不得已是果而勿彊

果以理勝彊以力勝惟果則有隱然必克之勢初非恃力好戰故臨事而懼好謀而成不得已而後應之勿彊而已

物壯則老是謂不道不道早已

物壯極則老兵彊極則敗故兵之恃彊則不可以全其善勝物之用壯適所以速其衰老皆非合道宜早知止

為眾所歸而取式則榮矣故處之以辱而受眾垢有如谷之能容能應而未嘗匱乏則復於渾然之全體矣此和行而成德也自嬰兒與無極言入德之序而復於樸乃其所至之地也
樸散則為器聖人用之則為官長故大制不割
長瞽上樸卽道也形而上者謂之道歸於樸則體斯立焉形而下者謂之器故散樸而器以應萬物道之用所以行也聖人用此道以為民物之主亦因其理勢之自然雖制而非有所裁割〇曹曰大制猶天地之造物物隨性而自成不煩裁製也
右二十八章河上名返樸此章明牧謙以容物泯迹而返樸故其用不窮或云雄者天一之水在人為精雌者地二之火在人為神白者金也黑者水也此又一家之論也
將欲取天下而為之吾見其不得已天下神器不可為也為者敗之執者失之
天下乃天地神明之神器也惟順其自然而自治將欲取而為之是以人滅天以故滅命身猶天下也
故黃帝南望而玄珠遺機心方存而純白不備
故物或行或隨或煦或吹或强或羸或載或隳
煦煖也吹寒也强盛也羸反力爲弱也載成也隳反許規壞也有為之物必屬對待消息盈虛相推不已惟
是以聖人去甚去奢去泰
抱一者不入其機

故善人不善人師不善人善人之資

謂因其不善而教之使善乃所以為善救也則是資其不善者以為吾施教之地矣○林東曰因其不善而不為之是可資也

不貴其師不愛其資雖智大迷是謂要妙

夫道之要妙非教能到故至於不貴不愛之地則知無我人雖大智而莫測蓋能所俱忘是曰獨化者也

右二十七章河上名巧用此章明名迹雙泯教理兼忘傅奕云常善救人等兩句獨得諸河上古本無存也

知其雄守其雌為天下谿為天下谿常德不離復歸於嬰兒

平知彼守此則所守者非勉彊而有常夫雌靜謙下衆必赴歸猶水附地相守之審在乎有常則雄離聲

勒高強之念不作故性淳氣和無欲之至而赤子之心不失此專氣以致柔也

知其白守其黑為天下式為天下式常德不忒復歸於無極

以恬養智與道冥一則可為天下之所取式以其德有常而不變不差故用未嘗窮量未嘗極此恬與智交養而成和也

知其榮守其辱為天下谷為天下谷常德乃足復歸於樸

善行無轍迹。

行反下。孟輪輾地為轍。天與道為一何迹之有。

善言無瑕謫。

瑕反下。家玼病也謫反直革過也惟和以天倪故無口過。

善計不用籌策。

道一而已總括萬有。

善閉無關揵而不可開。

揵反。其偃曰柜門木也橫曰關豎曰揵無門無房四達皇皇而天之大亦不能出乎其外是謂善閉。

善結無繩約而不可解。

妙本湛然不為法縛不為法脫堂堂密密了無間然所謂不可須臾離也苟溺於刻意尚行執言滯句用心計度以求道而不達方便之門則反為教相所縛故不能徹見萬法根元矣所謂善者無為而已。

是以聖人常善救人故無棄人常善救物故無棄物是謂襲明。

夫救人於危難特救其形耳而且未必能博豈足為善哉惟彼方執着有為迷其性於暗蔽之中而我以兼容之量容之以先覺之明覺之使彼之天光自發如明燈之傳襲無盡而在我者既以與人已愈多則其明亦何限量哉○葉夢得曰常之為言無時而不然也

已謂推其相因之意則是三者皆本於自然之道蓋分殊而道一也故天在道之中地在天之中人在地之中心在人之中神存心之中而會於道者也是以神藏於心心藏於形形藏於地地藏於天天藏於道〇文定曰使人一日復性則是三者人皆足以盡之矣

右二十五章河上名象元此章讚道大而自然也

重為輕根靜為躁君是以君子終日行不離輜重 重反 直用 輕反 起政 寡謀之類躁反 早報 離莊 輊持 輜切 大車也君子之道以靜重為主不可須臾離也如輜車之重不敢容易其行

雖有榮觀燕處超然 處上 觀古 反亂 夫榮觀在物燕處在己惟不以物易己故遊觀榮樂無所係着而超然自得於物外也

奈何萬乘之主而以身輕天下輕則失臣躁則失君 乘去 聲身 輕字 如謂萬乘之尊不可縱所欲之私而不顧天下之重也輕則妄動故失助於臣臣躁則擾民故失其為君之道或云君輕則失於君矣

右二十六章河上名重德此章言靜重然後可以為有物之王或曰近取諸身以心為君氣為臣輕則心妄動而暴其氣躁則氣擾亂而反動其心蓋君為民物之主心為一身之主所當靜重則無為而成功

上 彌聲．此實無得而名焉．

大曰逝、

逝往也謂往被於萬物也．

逝曰遠．

無往不周．

遠曰反．

極其遠則其大無外反而求則其小無內蓋遍乎萬物而未嘗離本故也．

故道大天大地大王亦大域中有四大而王居其一焉

夫道超乎天地有形之先故章首云先天地而亦未嘗不在乎天地之中故復云域中有四大也若由道言之則天地與王皆不足言其大矣然道亦豈外是三者而別為一物哉故卽域中而言則世人惟知是三者之大而不信道亦域中之一物也學者不可以辭害意申言而王居其一言者謂人者天地之心而會乎道所以潛天而天潛地而地凡於萬物之中靈秀者莫出乎人而王統之故也．

人法地地法天天法道道法自然

法者相因之義也故語其序則人處於地形著而位分地配乎天而天猶有形道貫三才其體自然而

自矜者不長。

眩其能則不可以久。

其於道也曰餘食贅行物或惡之
贅切、稅。附餘之肉也行反。下孟惡去聲。○溫公曰是皆外競而內亡者也如棄餘之食適使人惡附餘之形
適使人醜

有道者不處。

故有道者不處

處聲。謂不處心於此視若脫然也。

右二十四章河上名若思此章謂主一者足於內而不矜於外也。

有物混成先天地生

先切悉萬

寂兮寥兮獨立而不改周行而不殆可以為天下母

寂然無聲也寥逸無形也以其體則卓然無所對待而不變不遷以其用則周匝運行而不危不殆此

蓋即本然之全體而有流行生育之妙用焉母者生生之本也不可指為一物故讚之以寂兮寥兮又

非溺於空寂故兼體用而言獨立周行而生物也不測矣

吾不知其名字之曰道彊為之名曰大

惟自信之誠不至故因其失而疑之是以有不信之患苟不信矣雖與之同亦不能化之也必深造自得者然後安然於不疑之地

右二十三章河上名虛無此章明自然之道可以常久然至易而守難故天地之大苟失其常亦不能久況於人乎其於人也性固同而氣稟則異或梏於形氣之私者則失其自然之性然而性未嘗失也惟在乎先覺者善方便以覺之同其事以攝之則可以復其本然之自然矣莊子云彼且爲無崖亦與之爲無崖達之入於無疵是此聖人大同之德無私之教所以順其自然曲成而不遺也惟終於自暴自棄者不與焉

跂者不立跨者不行 跂切法智 與企同跨其兩端也○溫公曰違性之常而心有所屬故不能兩存

自見者不明
自是者不彰
自伐者無功
自矜者不長
蔽於已是者夫誰信之哉
自顯者終不明
自誇其勞者人不以爲功

旦至中為終朝自旦至暮為終日．

孰為此者天地尚不能久而況於人乎．

苟反常則非自然雖出於天地亦不能久況於人乎然天地亦不能無反常之時則人亦豈能免於失哉．

故從事於道者．

惟從事於自然之道者其心有常乃能體道之所為故樂與而善誘無所不同之也

道者同於道．

此安行者之事然上聖生知猶資學以成其道所以德不孤必有鄰是故同於道矣．

德者同於德．

此利行者之事學知而必求以有得於己

失者同於失．

此勉行者之事謂人之氣稟苟或失於偏然其性則未嘗少異故亦與之同而化之．

同於道者道亦得之．

同於德者德亦得之．

同於失者失亦得之．

雖因其所稟之殊而所入不得不異然苟能同而化之及其得則成功之一也．

信不足有不信

是以聖人抱一為天下式

此隨時趨變以道而在乎以謙約為主故聖人惟抱一以為天下古今之準的所謂抱一則全體是道也

不自見故明不自是故彰不自伐故有功不自矜故長夫惟不爭故天下莫能與之爭

見形句顯也此教學者養德之方也蓋抱一則無我若更自見自足自伐自矜則是我見未忘又烏可以言一哉惟至於無我之地則自然光明盛大愈久愈新心法雙融人我俱泯何爭之有

古之所謂曲則全者豈虛言哉誠全而歸之

蓋老子述而不作所謂曲則全等語皆古文也此申其言之不妄者勸之深也使學者果能明其曲柱之道則道之大全實皆歸諸己矣道乃人之固有故曰歸言復其初也夫如是則直與盈者大矣

右二十二章河上名益謙此章示柔順之謙全成和之德也

希言自然

經云聽之不聞名曰希聖人言出於希皆由其自然故久而不窮○溫公曰有道者不言而信故曰自然

飄風不終朝驟雨不終日

飄風者狂疾之風驟雨者急暴之雨此陰陽擊搏忽然之變也然終不能勝清寧以自然故不能久自

曰逝而不停然甚眞之精常存而不亡聖人知萬物之所以然者亦以能體此道故也．

右二十一章河上名虛心此章明至道之眞得萬物之常也．

曲則全

上聖卽心而卽道或曲或直惟義所在莫非全乎道也苟處時之變則曲身以全道惟能曲則不忤於物內以全身外以全物．

枉則直

枉乃所以爲直尺蠖之屈以求伸也．

窪則盈

窪切烏瓜坳也如地之窪下則水滿之蓋謙受益也．

弊則新

闖然而日章也．

少則得

道一而已得一則無不得矣故於至約之中而是體之全是用之妙罔不具焉．

多則惑

凡事多端則惑．

我獨異於人而貴求食於母。

文定曰道者萬物之母衆人徇物忘道而聖人脫遺萬物以道爲宗如嬰兒求食於母也。

右二十章河上名異俗此章貴口絕以立標復舉諭以明理次格凡聖以對辯終諭獨行以口宗也或曰唯阿同出於聲善惡同出於爲達人大觀本實非異正如臧穀亡羊之意也此故太上忘情是非俱泯者之所爲然學者直須於善惡不可名處着眼始得若直以爲善與惡同耳則是任天下入於惡而不之顧豈理也哉

孔德之容惟道是從。

孔德也謂盛德也德乃道之所以形見者自是推之則凡衆有之容皆道之見於物謂從道中出也。

道之爲物惟恍與惚。

有無不可定指之也。

惚兮恍其中有象恍兮惚其中有物窈兮冥其中有精其精甚眞其中有信。

此無狀之狀無象之象者也冥冥之中獨見曉焉無聲之中獨聞知焉於至無之中而眞一之精湛然獨存感之卽應豈非信乎

自古及今其名不去以閲衆甫吾何以知衆甫之然哉以此。

文定曰古今雖異而道則不去故以不去名之惟未嘗去故能以閱衆甫之變也甫美也雖衆甫之變

眾人熙熙如享太牢如登春臺我獨怕兮其未兆如嬰兒之未孩怕_{白各}切靜也心目所經外境方盛隨時逐物而不知其非惟上聖徹見其妄遇之漠然不動如嬰兒之未至提孩心無所着故也

乘乘兮若無所歸

曹曰乘萬物而遊無所係累也

眾人皆有餘我獨若遺

遺忘也蓋有若無也

我愚人之心也哉純純兮

御註曰天機不張而默與道契茲謂大智

俗人昭昭我獨若昏

昭昭光耀目銜昏謂不分別也察察明而不容貌悶悶_{莫奔切}寬裕貌

忽若晦飂兮似無所止

飂_{力幽切}如長風飄揚之狀夫淵靜容物乃混然之全體變動不居乃大用之流行

眾人皆有以我獨頑似鄙

以用也頑然無知也鄙野也人皆知有用之用而莫知無用之用也

見賢遍。此乃屬之地棄絕之機要也。

右十九章河上名還淳此章尊素樸之風去私欲之累則其利博矣陰符經云絕利一源用師十倍是也或云絕者非去絕之絕乃極其至而人不可及之謂也必有絕聖然後能棄私智下意同

絕學無憂

得道忘詮釋然無累

唯之與阿相去幾何
唯反維水聲順而恭應也阿切烏何聲高而慢應也

善之與惡相去何若
人之所畏不可不畏
若未至乎絕學之地當知此心寂然無為於善惡示發之時乃渾然之本體至正至善者也及乎趨善向惡皆為動也然有是身不能不感故當致察於感物而動之時謂恭與善則原於理義之正而慢與惡則汨於形氣之私其於二者之間相去不容以髮而天理人欲分焉惟欲易流人莫不然是不可不畏也苟能於此察之精而擇之審守之固而養之熟乃至於動而無動靜而無靜則雖感應無窮而湛然虛明者自若乃純乎天理了無對待則慢與惡何有哉

荒兮其未央哉
荒大而莫知其畔岸則是未嘗倚乎恭慢之一偏也

為一物哉特其智慧已出而詐偽亦由是而滋矣。○文定曰堯非不孝而獨稱舜無瞽叟也伊周非不忠而獨稱龍逢比干無桀紂也

右十八章河上名俗薄此章蓋深憫世道之不古也

絕聖棄智民利百倍

惟不居其聖則絕無自聖之心去小智則大智明故使民各安其性命之情而其利博矣

絕仁棄義民復孝慈

夫仁義之實本為孝慈惟假其名而忘其實則其本迷矣故欲棄絕其迹而復其良知良能之初則仁義之實可不言而□矣

絕巧棄利盜賊無有

文定曰巧所以便事也利所以濟物也二者非以為有而盜賊不得則無以行

此三者以為文不足故令有所屬

令,平聲,屬,之欲反。聖智仁義巧利此三者皆道中之事由後世徒徇其名用之以為文飾而內誠不足乃專以智力持世豈足為善治哉至於末流必有不勝其害者矣故令反其本而有所統屬則天下之民各

復其性矣所謂有事不足以取天下及我無為而民自化云云是矣

見素抱樸少私寡欲

右十六章河上名歸根此章謂悟此道則能虛能靜與道同體．

太上下知有之．

太朴上古之時上如標枝民如野鹿是也

其次親之譽之．

此以仁義結人者．

其次畏之侮之．

此以智力服人者也．

信不足有不信

吾誠自信則以道御天下足矣惟自信之誠不足．而後申之以勸賞重之以刑政．而民始有不信之心矣．

猶其貴言功成事遂百姓謂我自然

希言自然而民服無為之化則太古之治可復故曰聲色之於化民末也．

右十七章河上名淳風此章贊太古無為之化而驚風俗之日下也

大道廢有仁義智慧出有大偽六親不和有孝慈國家昏亂有忠臣

大道之隆仁義之實隱然於其中而民不知所謂純朴不殘執為犧樽是也．然犧樽亦豈離純樸而別悟乎此則明亦至矣.

不知常妄作凶.

飫昧乎此則緣物而動皆妄也其凶可知.

知常容.

徹見本元則差別混融通塞非礙何所不容哉.

容乃公.

尚誰私乎.

公乃王.

文定曰天下既往歸之矣.

王乃天.

黃茂材曰王者與天爲徒.

天乃道.

天法道也○文定曰天猶有形至於道則極矣.

道乃久沒身不殆.

劉涇曰所謂自古固存也.

御註曰大白若辱盛德若不足○牧謙終節人之所難故又戒其矜滿之心其旨深矣惟無自滿之心
故能常守其弊而不自有其新成之功
右十五章河上名顯德此章句句有序以至於成而若弊則盡矣如列子居鄭圃四十年無人識者便
是這樣子審若西晉之風又烏有此氣象哉

致虛極守靜篤

虛靜兼忘是謂篤極．

萬物並作吾以觀其復夫物芸芸各復歸其根

芸芸者動出之貌虛乃實之根靜乃動之根謂萬物皆作於性皆復於性

歸根曰靜靜曰復命

夫靜天性也乃命於我者如是而已及乎感物則動矣惟動靜兩忘則動未嘗離靜而復其本然之天
矣○文定曰苟未能自復於性雖止動息念以求靜非靜也故惟歸根然後為靜命者性之妙也易謂
窮理盡性以至於命是也

復命曰常

物未有能常者性至於命則湛然常存矣．

知常曰明

儼若客。

文公曰儼若客語意最精今本多誤作容殊失本旨况此七句而三協韻以客協釋胳若符契又此凡某者皆有事物之實所謂客者亦曰不敢爲主而無與於事故其容儼然矣

渙若冰將釋．

外端莊而內寬裕渙然不凝於物也．

敦兮其若樸．

質素渾厚圭角不露．

曠兮其若谷．

寬而有容虛而能應．

渾兮其若濁．

渾與混同和光同塵渳泥揚波冥乎至道．

孰能濁以靜之徐清孰能安以久動之徐生

以物汩性者惟靜以澄之則本然之清明者徐自復矣住於寂滅者惟安而能遷則不滯於一隅而徐自生矣所以活潑潑地而動靜兩忘也．

保此道者不欲盈夫惟不盈故能弊不新成

是謂無狀之狀無象之象本北無物之象是謂惚恍．

文定曰狀其著也象其微也象其微也惟非有非無而有無不可以定名故曰惚恍．

迎之不見其首隨之不見其後

惟其非形色而周流無端所以不可得而隨迎

執古之道以御今之有能知古始是謂道紀

時有今古道無終始聖人教人體道以治身御物謂卽其物之有而原其始之無者則得其本而統之有宗矣．

右十四章河上名贊玄此章言道體之冲妙如此若夫聞不出聲見不超色者苟非迷己著物則必棄有著無故反覆發明其不卽不離之旨而使人深造以自得之也

古之善爲士者微妙玄通深不可識

文定曰盡粗而微微極而妙妙極而玄玄則無所不通而深不可測．

夫惟不可識故彊爲之容豫若冬涉川

彊上聲．豫者圖患於未然逡巡如不得已愼之至也

猶若畏四鄰

猶者致疑於已事蓋建德若偷退藏於密戒之深也

以天下而貴不及愛之深寄不若託之久或云知貴愛其身則能外天下矣．

右十三章河上名厭恥此章明去妄情而復正性也謂遺寵則辱不及忘身而患不至天下為累者黃屋非心者也且不以為累況於他物乎而忘身者方外之學能貴愛其身而不以天下為累者黃屋非心者也

視之不見名曰夷．

大象平夷無色可見．

聽之不聞名曰希．

大音希聲寂不可聽．

搏之不得名曰微．

搏合各．微妙無形虛不可執．

此三者不可致詰故復混而為一．

詰切．契吉．夫道非視聽智力之所能及要必歸於一而後可爾．

其上不皦其下不昧．

皦古曉切．明也謂在上不加明而在下不加晦．

繩繩兮不可名復歸於無物．

雖繩然有條運而不絕然實無物之可名．

外邪所實也而其要則在於目是以始終言之，如六根六塵眼色亦居其首，夫子四勿必先曰視皆此意也，然而目必視耳必聽口必味形必役心必感，是不可必靜惟動而未嘗離靜則雖動而不着於物乃湛然無欲矣。

寵辱若驚貴大患若身。

何謂寵辱為下。

得之若驚失之若驚是謂寵辱若驚。

何謂貴大患若身吾所以有大患者為吾有身及吾無身吾有何患。

故貴以身為天下者可寄天下愛以身為天下者可託天下。

寵辱驚貴謂貴顯與患難二者皆若身之不可辭。

得為寵失為辱二者皆若驚謂不能以自安也，貴顯與患難二者皆若身之不可辭。

寵為辱本因寵然後有辱故曰為下。

不以其道則必為得失異其心故若驚也。

為去聲。此又言身為貴患之本無身即忘我也，前不及辱此不及貴乃立文以見意，亦以人莫不好貴而惡患，故獨以患言此，蓋由有我見存焉，苟能無我則素富貴行乎富貴素患難行乎患難夷險不二苦樂一等則誰更受貴與患哉。

郭象曰夫輕身以赴利棄我以狥物則身且不能安其如天下何。○蓋謂必能貴愛其身然後可任

故有之以為利無之以為用

是三者皆於外有以成形中虛而受物外有者適時之利中虛者真常之用非無則有無以施其利非有則無無以致其用是故形神相資有無相似而宰形御氣者常無此所以妙化萬有而利用不窮焉易曰乾坤毀則無以見易不可見則乾坤或幾乎息矣亦此意也

右十一章河上名無用此章明有無相資之妙用以遣其二邊取捨之惑

五色令人目盲五音令人耳聾五味令人口爽
令譽平。
使也爽失也恬淡之真味

馳騁田獵令人心發狂
是氣也而反動其心雖志之動氣常十九然此章所言皆由外而惑我者故告之制於外以安其內

難得之貨令人行妨
行擊。難得之貨皆外物也妨謂傷害也心愛外物則於善行有所妨也

是以聖人為腹不為目故去彼取此
去口擧。撒也此除去之去非去來之去腹者有容於內而無欲目者逐見於外而誘內為腹猶易艮背之義不為目猶陰符機在目之說也

右十二章河上名檢欲此章明染塵逐境皆失其正蓋前章言虛中之妙用無窮故此則戒其不可為

為魄則失之矣其言附形之靈附氣之神似亦近是又謂魄識少而魂識多則非也但有運用畜藏之異耳楊子云又以日月之明論之則固以月之體質為魄而日之光耀為魂也謂日以其光加於月魄而為之明如人登車而載於其上也故日之光加被于魄之西既望則終魄于東其遡於日乎言月之方生則以日之光加被其上也故日之光加被于魄之西既望則終魄于東其遡於日乎言月之東而漸虧其以至於晦而後盡蓋月遡日以為明未望則日在其右既望則日在其左故各向其所在而受光如民向君之化而成俗此魂魄之說也

三十輻共一轂當其無有車之用

輻音福。輪中湊轂衆木也轂反。古木乃外受衆輻所會中空受軸以為樞者當反。丁浪即也無者空虛處也謂輻轂相湊以為車卽其中之虛然後有車之用○文公曰無是轂中空處惟其空中故能受軸而運轉不窮莊子所謂樞使得其環中以應無窮亦此意也

埏埴以為器當其無有器之用

埏治然。和土也埴市力粘土也皆陶者之事此亦固其器中空無然後可以容物乃為有用之器下意同

鑿戶牖以為室當其無有室之用

鑿穿也牕門曰戶門房衚曰牖

也。○文公曰以車乘人謂之載古今世俗之通言也以人登車亦謂之載則古文史類多有之如漢紀云劉章從謁者與載韓集云婦入以孺子蓋載皆此意營者字與熒同而爲晶明光炯之意其所謂魄亦若予論於九歌耳蓋以魂陽動而魄陰靜魂火二而魄水一魂加魄以動守靜以火迫水以二守一而不相離如人登車而常載於其上則魂安靜而魄精明火不燥而水不溢固長生久視之要也但爲之說者不能深考如河上公以營爲魂則固非字義而又失其文意獨其載字之義粗爲得之若王輔嗣以載爲魄以營魄爲人所常居之處則亦河上之意至於近世而蘇子由王元澤之說出焉洪慶善亦謂陽氣充魄能運動則其生全矣而且皆以載爲以車承人之義矣是不惟非其文且若此則是將使神常營動而魄亦不得以少息雖幸免於物欲沈溺之累而窈冥之中精一之妙反爲強陽所挾以馳鶩於紛拏膠擾之塗卒陷於乘人傷生損壽之域而不自知也○九歌辯證或問魂魄之義曰子產有言物生始化曰魂既生魄陽曰魂孔子曰氣也者神之盛也魄也者鬼之盛也鄭氏註曰噓吸出入者氣也耳目之精明爲魄氣則魂之謂也淮南子曰天氣爲魂地氣爲魄高誘註曰魂人陽神也魄人陰神也此數說者其於魂魄之義詳矣蓋嘗推之物生始化云者謂受形之初精血之聚其間有靈者名之曰魄旣生魄陽曰魂者旣生此魄便有煖氣其間有神者名之曰魂也二者旣合然後有物易所謂精氣爲物者是也及其散也則魂遊而爲神魄降而爲鬼矣說者乃不考此而但據左疏之言其以神靈分陰陽者雖若有理但以噓吸之動者爲

天門開闔能為雌乎

此言出入往來酬酢變化而主靜也天者自然之門開闔者變化之道雌靜者蓄養之德為雌或作無雌謂雌靜而不滯於靜乃為雌也或云無雌乃為陰邪似間之也

明白四達能無知乎

此寂感無邊方也○文定曰蓋是心無所不知而未嘗有能知之心夫心一而已苟又有知之心則是二也○上三者言精氣神則修身之事也乃存體以致用謂盡己之性以至於命而極其大而化之地也下三者言其用效則治人之事也乃即用以歸體盡人物之性而見諸事業之間乃至與天為徒而精神四達上下並流故功參化育而不居以大其無我之公此聖人之能事大道之玄功也所以下文乃申言之

生之畜之生而不有為而不恃長而不宰是謂玄德

上・許六養也○潛彼默通不息彰顯忘功忘物洞入冥極

右十章河上名能為此章為說不一如劉涇曰黃帝云動以營生魂碧虛曰營營魂也白虎通云營營定貌也載乘也謂使形常柔載魂魄抱守太和純一之氣令無散離也○文定曰聖人定而神凝不為物遷雖以魄為舍而神欲行魄無不從則神常載魄矣乘人以物役性神昏而不治則神聽於魄耳目因於聲色口鼻勞於臭味魄所欲行而神從之則魄常載神矣故教之以抱神載魄使兩者不相離

遺切。唯孝貽也能體四時代謝之序亦可以見天道。○劉師立曰盈則必虧戒之在滿銳則必鈍戒之在進金玉必累戒之在貪富貴淫戒之在傲功成名遂必危在乎知止而不失其正此言深欲救人謂非必處山林絕人事然後可以入道雖居乎富貴功名之域皆可勤而行之

右九章河上名運夷此章明修身當體自然之理

載營魄抱一能無離乎

離聲平。此資福延壽經所謂守鍊精魄自然沖沖之意載乃登載之義古文用字多有此例魄乃形魄精魄之謂營魄一猶衛形葆精之義蓋以魂御魄抱一而不離也

專氣致柔能如嬰兒乎

此襲氣母之義○文公曰專非守之謂只是專一無間斷純純全全如嬰兒然了無知之之心則柔亦至矣蓋纔有一毫發露便有剛了

滌除玄覽能無疵乎

此洗心藏密之義滌洗也除遣也玄覽心照妙理也疵病也夫玄妙之見不除是為解縛滌除之迹猶存是為覺礙無疵則法愛忘而能所雙泯矣

愛民治國能無為乎

此言推其緒餘以及人雖至於愛民治國一以芻狗遇之可也

誠信之言不待期而符契如潮汐之無爽及塞必止洪必流鑑妍媸而不妄行險地而不失也．

政善治．

正容而物悟淸靜而民化亦猶平中準而滌衆垢也．

事善能．

趣變任事各當其可猶隨器方圓任載輕重及避礙就通而不滯於一也．

動善時．

時行時止猶春泮而冬凝．

夫惟不爭故無尤．

有德有功而不爭乃德之至其所以爲上善夫如是復何尤哉尤過也怨也

右八章河上名易性此章以水喩上善明不爭之行也

持而盈之不如其已揣而銳之不可長保

已音止也揣初委治也○文定曰知盈之必溢而以持固之不若不盈之安也知銳之必折而以揣先之不可必時也若夫聖人無積尚安有盈循理而行尙安有銳無盈則無所用持無銳則無所用揣矣

金玉滿堂莫之能守富貴而驕自遺其咎功成名遂身退天之道．

不生者生之本故云生生者不生是也凡麗形數者必有限量今云天長地久者特人所見者言之耳。
是以聖人後其身而身先外其身而身存
此屈已而忘我固非計私而為利乃理勢之自然蓋牧謙而光忘形而壽
非以其無私耶故能成其私
天地不與人競生聖人不與人爭得所以大過人矣至公一理不可磨滅乃長久也。
右七章河上名韜光此章明無我之旨乃可久之道也
上善若水水善利萬物又不爭處衆人之所惡故幾於道
上、上去。惡、烏音。幾、機近也此俗之所惡而實近於道然麗乎形則於道有間故曰幾也。
居善地
卑以自牧猶就下也。
心善淵
淵靜而虛明此皆先存其體也蓋必有牧謙淵靜之德然後五者之功用所以行也
與善仁
與虛而不與盈澤博而不報無私而已
言善信

右六章河上名成象此章言道之體用氣之陰陽形之動靜而人則體之也蓋因玄牝之生生不已
後知谷神之不死因天地動靜之有常然後識玄牝之所為而谷神以理言天地以形言
蓋道之妙用不外乎陰陽而其所以然者則未嘗倚於陰陽乃宰制氣形而貫通無間者也或問靈樞
經云天谷元神守之自真上玄下牝子母相親又鼻為玄吸氣而上通於天口為牝納津而下通於地
今皆不取其說何耶曰是則專局於人身而言也此章乃直從萬化原頭說起蓋此道宰制陰陽生育
天地而即陰陽之宰為人之性即天地之氣為人之體故近取諸身此理實同自古又今時人要識真
丹訣而後學因之為說愈支離矣如張平叔云玄牝之門世罕知只憑口鼻妄施為饒君吐納經十息
爭得金烏搦兔兒薛道光云玄牝之門幾人下手幾人疑君還不信長生理但去霜間看接梨
朱真人云玄牝之門號金母先天先地藏真土含元抱息乃成一氣虛明亙古又云乃載此經故帝著書
玄牝不在心兮不在腎窮取生身受氣初莫怪天機都漏盡呂洞陽云玄牝之門不易言從來此處會
坤乾呼為玉室名通聖號曰金坑理愈玄用似日魂投月魄來如海脈湧潮泉機關識破渾閒事萬里
縱橫一少年此雖為方術以為至妙宗旨之論則序中已發之矣列子曰黃帝書云乃載全此一
章蓋古有是書老子述而不作也而葛仙公內傳又曰黃帝時老君為廣成子為帝說此經故帝著書
乃引此章
天長地久天地所以能長且久者以其不自生故能長生

九

則學以求至者之事也及乎功用純熟則守底瞥地脫落當體澄然中斯立焉或云中者中宮黃庭北極大淵也謂存神中宮所以養胎元襲氣母之要也此又就形器而言中亦猶北極在天之中居其所而爲玄渾之樞紐則所謂中者於是乎有以寓而可見矣然樞紐之所以處而元化之所以不息者又實賴乎中而後能也若見得徹則橫說豎說皆在其中矣

谷神不死是謂玄牝

谷神者謂其體之虛而無所不受而其用則應而不可測也以其綱紀造化流行古今妙乎萬物而生生不息故曰不死此即眞一之精陰陽之主故曰玄牝此言理寓於氣而玄陽也牝陰也蓋陽變而玄妙莫測陰合而生生不窮故也○文公曰至妙之理而有生生之意焉程子所以取此說

玄牝之門是謂天地根

門猶衆妙之門天地萬物皆從此出根猶草木之根人所不可見而實爲生生之本謂陰陽之闔闢而爲天地之本也其在人身則元宮牝府乃神氣之要會天地同根者也○曹道冲曰玄者杳冥而藏神牝者冲和而藏器也

綿綿若存用之不勤

曹曰綿綿者冲和不絕之謂也道貴無迹謂之有則滯謂之無則頑故云若存○文定曰綿綿微而不絕也若存存而不可見也能體此雖終日用之而不勞矣

天地不仁以萬物爲芻狗聖人不仁以百姓爲芻狗．

仁者生之本愛之理三才之大德也所謂不仁者不滯於仁猶上德不德之義也蓋天地之常以其心普萬物而無心聖人之常以其情順萬事而無情所以不係累於當時不留情於既往如束芻爲狗祭祀之儀適時而用已事而棄豈容心哉此無私之極仁之至也

天地之間其猶橐籥乎．橐他各切籥音藥管也能受氣鼓風之物天地之間二氣往來屈伸猶此物之無心虛而能受應而不藏也．

虛而不屈動而愈出．

多言數窮不如守中．數音朔·屢也〇司馬溫公曰能守中誠不言而信也〇蘇文定公曰見其動而愈出不知其爲虛中之報也故告之云云

陸河上本皆釋屈作竭〇朱文公曰有一物之不受則虛而屈矣有一物之不應是動而不能出矣

右五章河上名虛用此章先以天地聖人之事及遠取諸物以明其無思無爲虛中之體既立則其用自然不息也不可徒狗於用而不知反求其本之所以然故教之訥言守中以爲入德之門也夫中卽道也卽體也則圓同太虛卓然無所偏倚之稱以其用則周流無間在於事物各無過不及之謂也守

道體沖虛漠然無朕而其用則無所不該雖天地之大動植之繁在於其中亦莫盈其量矣蓋形有限而理無窮此固道之大而無外實不盈也然而其細亦無內故雖一物一事亦莫不各具而毫髮不遺是以必近察乎此而不可一向馳心空妙以求其所謂大而不盈者故云或也或之者疑之也又繼之曰淵兮似萬物之宗蓋淵者虛澄深靜而不可測之稱此其所以為萬物之宗本然不可定名故似也蓋即萬物而觀則必有以為宗主者而實未嘗有方體也

挫其銳解其紛和其光同其塵湛兮似或存

物莫不有是道而人獨能全之故上聖教人修之以極其全也夫銳者人之才智外形而有芒角者也挫則磨礪以去其圭角而本然圓成者自若矣解則光矣而不耀紛者事之節目繁會而盤錯者也挫則磨礪以去其圭角而本然圓成者自若矣解則如庖丁之理解而紛然已解而靜一不紊者自若矣和其光則光矣而不耀同其塵則磅礡萬物而為一此一於內以應其外也及其至也內外一如而後渾然之全體在我湛然常存矣似或者不敢正指也蓋道無定體而執之則失矣

吾不知其誰之子象帝之先

道者天地萬物之母故曰不知誰之子象者有形之始帝者有物之主曰先者其未有形有物之前也歟

右四章河上名無源此章明妙本沖虛而其用不測也

此大而化之也．

夫惟不居是以不去．

夫音符此其所以爲聖人也惟無爲自然則奚居奚去哉．

右二章河上名養身此章進學者於名迹兩忘之地也

不尚賢使民不爭不貴難得之貨使民不爲盜不見可欲使心不亂．

尚賢名也貴貨利也惟無所徇則不外馳矣夫所謂不見可欲者非膠其目而不見也使萬境之雜乎吾前惟不見其有可欲之處則情不附物而心澄然矣所以銖視軒冕泥看金璧何欲之有

是以聖人之治虛其心實其腹弱其志彊其骨常使民無知無欲

彊渠良知．如．字虛心者物我兼忘實腹者精神内守物我兼忘則慮不萌而志自弱矣精神内守則氣不餒而骨自彊矣虛心實腹彊骨則民自無知實腹彊骨則民自無欲也

使夫知者不敢爲也爲無爲則無不治矣．

夫音知者知聖人之道内以之治身外以之治人皆然莊子所謂游心於淡合氣於漠順物自然無容

私焉而天下治是也

右三章河上名安民此章言忘貴尚泯思慮則復無爲而合至理

道沖而用之或似不盈淵兮似萬物之宗

無聞故曰此兩者云云蓋雖卽沖漠無朕之體而昭然事物之用已具卽事事物物之用而漠然無朕之體不違然動靜不同名物理必有分是以靜而無名欲則體也及至於動而有名有欲則用也故繼之曰異名矣則是卽靜之體而爲動之用初非指動爲二本及置體用於無別也故曰此兩者同出而異名惟其一本而異名所以該體用貫動靜混然玄同而無可指之迹故曰同謂之玄矣關尹子所謂不可測不可分故曰天曰命曰神曰玄合曰道是也然則所謂玄亦直寄云耳故又掃其滯玄之累而變化不窮矣至哉

天下皆知美之爲美斯惡矣知善之爲善斯不善矣

繞涉定名則有對待相因相軋如循連環

故有無之相生難易之相成長短之相形高下之相傾音聲之相和前後之相隨。

是以聖人處無爲之事行不言之教

處上聲。此無爲也惟不落於一偏故六對不得而有。

萬物作而不辭。

此則無不爲也。

生而不有爲而不恃功成不居。

而名之則是以道為專屬於無及其無化而為有又不可名為無矣有無相因變化不已名亦隨之則豈所謂常名哉況有無固不足以論道苟欲必謂之無未免淪於空寂之一偏則天地萬物之理果何自而有耶今云無名者特以其寂兮寥兮無形可狀無可指然於無形無名之中天地萬物之理莫不畢具此其所以不可直謂之無也夫道不可得而名也惟聖人無意於言則已苟欲立言非名之則無以顯其道然又恐學者尋言滯句而名道以方故先標於篇首曰道可道非常名其指深矣或問常無欲常有欲者前輩多以常無常有為絕句今所謂有絕句而無欲之時乃無欲也及其應物而曰聖人之心何嘗有欲今所謂有即其起處而言耳當其靜而無為之時乃無欲也及其應物而動雖未嘗離乎靜然在於事事物物則已有邊徼涯涘之可見故對無欲而言有欲也欲猶從心所欲不踰矩之欲只作常無欲常有欲若必欲以常無常有為絕句則是常無欲而言有欲故可而謂之有欲乎而常有乃墮於執滯之常情豈足以觀妙道之體用哉況以常無為句而下文云欲以觀其妙則於常無之時而亦謂之欲可乎或問此兩者同出而異名與烝而應接處向來八皆作常無首既以無名有名別道與烝又以無欲有欲分體用則章末固當合而結之也夫道豈體用於常可無別然初非相離而各為一物惟無是道則氣無以立無非是體則用無以行非是用則體無以顯道宰乎無而有囿乎氣用著乎體而實源乎體道卽體也氣卽用也體用一源理

常寂未始有間常自若也故皆曰常觀者廓然大公寂無不照之義．

常有欲以觀其徼　各邑邊際也此感而應之時也於此可觀妙道之用矣是蓋指其動而可見處言之周子所謂靜無而動有是也○陳景元云大道邊有小路曰徼

此兩者同出而異名同謂之玄玄之又玄衆妙之門

此總結上意兩者謂無名有名妙與徼也體用一源故曰同也出卽動靜之義謂或動或靜而體用分焉故曰異名然稱名雖殊卽本則一故又曰同也惟同則性情冥而不可致詰是謂之玄凡遠而無所至極則其色必玄其在人心乃淵默無象之義夫玄雖變通無極深不可測然猶有玄之心在焉又玄則遣其滯玄之累也湛然無迹而能開闔陰陽化生不匱在於事物最爲微妙而理事皆由此出故云衆妙之門

右一章河上公名體道章諸家多以章首數字爲名此章包羅撥敍一經之旨也或問有名無名前輩多就無字有字爲句今獨不然何耶曰所謂無名卽道也惟道無形而氣有兆故以無名有名爲之別今云無名天地之始者蓋謂道在天地之先而初無定名之可指故經云道常無名又云道隱無名是也惟道無所不在雖超乎無物之先然亦未嘗不在乎有物之後故在無爲無而未嘗滯於無在有爲有而未嘗局於有不可定名而其名自古以固存此其所以爲常道常名也歟若直以無

太上老子道德經集解卷上

清源圭山董思靖集解

道經上篇

道可道非常道可名非常名。

此先標以為立言之始也道者萬理之總名名者萬物之所指然道不可名非言能喻將托於言強名曰道故道而可道名而可名則非常道常名矣常道常名者即經所謂道常無名而自古及今其名不去者是也常之為言自然長存無時不然無處不有

無名天地之始

此言道者天地萬物之原也以其絕無朕兆故得而名此即常道常名形而上者是也

有名萬物之母

此即兩儀既立已有可名而萬有皆從此生乃形而下者是也

常無欲以觀其妙

此言聖人體道在己乃寂然不動所存者神之時即此可見道體之至微至妙者也常者真常妙本也

常有欲以觀其竅

蓋無欲為靜體之常也有欲為動用之行也雖動靜不同時體用必有分然妙本湛然寂而常感感而

重刊董氏道德經集解序

道德經集解二卷各家書目皆未箸錄題曰清源圭山董思靖撰章貢淵然道者劉若淵校刊序說後題淳祐丙午臘月望清源後學圭山董思靖案思靖生平無攷惟清源圭峯皆福建泉州山名今泉州之元妙觀宋時為天慶觀元改今名由是推之則思靖乃宋季泉州道士也福建通志無思靖名惟宋方外傳稱董伯華晉江人服氣煉形言徵應輒驗能於人手中作字開拳有雷聲震起後尸解呼北山紫極宮查紫極宮在天慶觀之右與思靖時代住址頗合或伯華卽思靖之字未可知也劉淵然贛州人祥符宮道士能呼召風雷洪武二十六年召至京賜號高道宣德中卒年八十二見江西通志書題淵然校刊其為元末明初刊本無疑吾友魏鹽尹錫曾嘗與諸本互校其中有絕異各本而與景龍石刻合者蓋所據猶古本也思靖雖道士其言頗不悖於理所採司馬溫公王荊公葉石林程文簡諸家之書今皆不存藉此見其崖略未可以道家者流薄之也

光緒三年歲在彊圉赤奮若仲冬之月歸安陸心源撰

蘇文忠公軾奉詔撰儲祥宮碑其大略云道家者流本出於黃帝老子其道以清靜無爲爲宗以虛明應物爲用以儉慈不爭爲行合於易何思何慮論語仁者靜壽之說自秦漢以來用方士言乃有飛仙變化之術黃庭大洞之法木公金母之號太乙紫微之祀下至於丹藥奇技符籙小數皆歸於道家矣竊論之黃帝老子之道本也方士之言末也得其本而末自至噫修之身其德乃真以至天下其德乃普非二本也學者果能得一而有以貫通則所謂杳冥之精恍惚之妙實昭然於守中抱一之中而玄牝之機橐籥之用莫非道之所爲也惟深造自得者知之

淳祐丙午臘月望清源天慶觀後學圭山董思靖書

鉛之方冲字從水從中乃喻氣中眞一之水三十輻共一轂為取五藏各有六氣之象及準一月火符之數如斯等義今皆略之

或者蓋謂無者地二之火有者天一之水故舉潛通訣云兩無宗一有靈化妙難窺及以知白守黑為金水之說然此乃大丹之法準易象法天地以日魂月魄為藥物則神農古文龍虎上經三十六字西漢淮陽王縯金碧要旨註東漢魏伯陽參同契唐元陽子金碧潛通訣等是其法也如混元實錄云老子先授尹眞內外二丹之術然後告以道德之旨則是不以丹術雜於本經明矣又曰三一九思內修之要也九丹金液外鍊之極也故所授泰清諸經則專言金液外鍊之事然與前所舉大丹之法亦少異後輩見其有壇爐鼎竈之設乃以靈砂金石等為外丹殊不知後天有質陰雜非類之頑物服之豈人多躁失明而且不悟其非也或者又曰無者神也有者氣也以有無交入為丹本隱顯相符是水金及黑中有白為丹母虛心實腹義俱深三十輻分同一轂等詩為證此雖皆用經中之語以為訣然其說自成一家蓋內丹之法也若尹眞所授三一九思等法雖曰內修之事然與白丹源流亦自不同大抵道法經術各有指歸不可以一書而彙盡諸家之義苟強引而合皆會也

何則性由自悟術假師傳使其果寓徵旨亦必已成之士口授纖悉然後無區區紙上烏足明之況是經操道德之宗暢無為之旨高超象外妙入環中遽容以他說小數雜之乎白樂天云玄元皇帝五千言

不言藥不言仙不言白日昇靑天亦確論也

以其所值之時俗尚文勝淳朴之風無復存者而老子抱純素之道與時偕極必待感而後應故不得位以推是道於天下蓋知夫時數之有所忤也然終不能恝然於其道之無傳是以有教無類而且睠睠於西方之異俗則憫當時慮後世之心何如哉猶幸斯文不墜故西關伺駕東魯見龍而虛與言之尚存也河上丈人黃石公樂臣公蓋公之徒能究其旨而體之為君子房以之佐漢曹參以之相齊果能通一脈於我之天下已羲皇矣及其道之有所授則孝文以之為皇之則羲皇或者見是書詞意含洪寬大而不知致察於苛秦之後呼亦驗矣然使人又有進於是如其人羲皇之則羲皇矣或者見是書詞意含洪寬大而不知致察於苛秦之後呼亦驗矣然使乎體之至嚴至密者以為庶政庶事之本乃徒務為悶悶若昏之量而習弊反墮於優游姑息遂有清虛不及用之譏故不經而子視之嗚呼惜哉
文中子曰清虛長而晉室亂非老子之罪也。○朱文公曰晉時諸公只是借他言語來蓋覆那滅棄禮法之行耳據其心下汙濁紛擾如何理會得老子底意思。○舊唐書憲宗紀李藩對曰老子指歸與六經無異。○唐兵部郎李約云世傳此書為神仙虛無言不知六經乃黃老之枝葉爾故太史公論大道則先黃老而後六經不為無見也
是經大義已見於諸家然或病其無所折衷僕昏蒙晚學過不自量輒採撮諸說亦間出己見以補一二或詮其文或逗其意附以音釋訂以異同圖便觀覽庶日益月損而契言外之旨於絕學無憂之地也或謂微言隱訣多寓其間故以首章有無在二丹則神氣水火也虛心實腹則鍊鉛之旨用兵善戰則採

弼合上下爲一篇亦不分章○今世本多依河上章句或總爲上下篇○廣州董逌云唐元宗旣註老子始改定章句言道者類之上卷言德者類之下卷刻石渦口廟中○元宗釋題云道者德之體德者道之用經分上下者先明道而德次之然其末又云是知體用互陳遞明精要不必定名於上下也○江袤云余昔於藏書家見古文老子次序先後與今篇章不倫亦頗疑後人析之○元宗命司馬子微三體寫本有五千三百八十字○傅奕考覈衆本勘數其字云項羽妾塚得之安丘望之本魏太和中道士寇謙之得之河上丈人本齊處士仇嶽傳之三本有五千七百二十二字與韓非喻老相參又洛陽官本五千六百三十五字王弼本五千六百八十三字或零六百一十或三百五十五或五百九十多少不一○史記云餘言但不滿六千則是矣今云五千文者舉全數也○彭相皇宋集註有政和御註道士陳景元司馬溫公光蘇文定公安石王荆公雱陸佃劉槩劉涇仙姑曹道沖馬蹄正達眞子了一子李文懃陳象古葉夢得清源子劉驥朱文公熹袁茂材程文籅公大昌林東邵若愚而倪文節公思高士徐常等註亦未盡錄

大抵老子之道以淸靜無爲自然爲宗以虛明應物不滯爲用以慈儉謙下不爭爲行以無欲無事不先天以開人爲治其於治身治人者至矣如用之則太古之治可復也

前漢藝文志云道家者流秉要執本淸虛以自守卑弱以自持此人君南面之術也○歐陽修崇文總敍云本淸虛去健羨泊然自守故曰我無爲而民自化我好靜而民自正雖聖人南面之治不可易也

寶中加號老子玄通道德經

葛玄序曰夫五千文實道德之源大無不包細無不入天人之自然經也○班固載老子傳說傅氏三十七篇鄰氏四篇徐氏六篇劉向四篇○杜光庭云註者有尹喜內解漢張道陵想爾河上公章句嚴遵指歸魏王弼何晏郭象鍾會孫登晉羊祜裴處思符聖時沙門羅什後趙佛圖澄晉僧肇梁陶弘景後魏盧景裕劉仁會南齊顧歡松靈仙人秦失張憑梁武帝張嗣梁道士臧玄靜孟安期孟智周寶略陳道士褚柔隋道士李播劉進喜唐徽傳奕楊上善賈至王光庭王眞仙人胡超襲法師任太玄申甫張道相成玄英符少明○唐藝文志又有安丘望之湘逸其程韶王尙蜀才表眞釋惠嚴惠林義盈梁曠樹李允願陳嗣古馮廓玄景先生楊上器韓杜大隱薛閻仁諝劉仲融王肅戴詵元宗盧藏用邢南和馮朝隱白履忠尹知章陸德明陳庭玉陸希聲吳善經孫思邈李含光化四十士宋文明尹文操韋錄王玄辯徐惲何思遠薛季昌王眞趙志賢車惠弼李榮黎元興張慧超襲家而藏中所存李約賈清夷王顧杜光庭等皆唐人且不著於志始知所錄猶有未盡惜名存書亡者○劉歆七略云劉向定著二篇八十一章上經三十四章下經四十七章而葛洪等又加損益乃云耦○劉歆七略云劉向定著二篇八十一章上經三十四章下經四十七章法天數奇下經四十四章法地數天以四時成故上經四九三十六章地以五行成故下經五九四十五章通應九九之數○清源子劉曠曰矢口而言未嘗分爲九九章也○嚴遵以陽九陰八相乘爲七十二上四十章下三十二章○王

年還中夏平王東遷復出關至西海梭仙再還中夏此問禮及五行等事乃敬王十七年也

老子居周久之不得以行其道乃去周尋欲西化異俗至函谷關關令尹喜曰子將隱矣彊爲我著書於

是老子乃著書上下篇言道德之意五千餘言而去莫知所終

尹喜、字公文螫切張流厦切栗縣神龍鄉聞仙里人也少好墳索善天文祕緯嘗結草爲樓仰觀乾象康

王朝爲大夫後召爲東宮賓友昭王時因瞻紫氣西邁天文顯瑞知有聖人當度函谷關而西乃求出

爲關令王從之至關乃曰夫陽數極九星宿值金歲月並王法應九十日外有大聖人經過京邑先勅

關吏孫景曰若有形容殊俗車服異常者勿聽過喜預齋戒使掃燒香以俟是時老君以昭王二十

三年五月壬午駕青牛車簿版爲弯隆徐甲爲御將往開化西域至七月十二日甲子果有老人皓首

聘耳乘白輿駕青牛至吏曰明府有教願翁少留入白喜卽具朝服出迎叩頭遜之老君遜謝至三

尹曰去冬十月天理星西行過昂今月朔融風三至東方眞氣狀如龍蛇而西度此大聖人之徵於是

爲留官舍設座行弟子禮喜乃辭疾去官十二月二十五日奉邀老君歸其家二十八日授以五千餘

言至次年四月二十八日於南山阜辭決昇天戒以千日外尋吾於青羊之肆至二十七年會于蜀李

太官家是時諸天衆仙浮空而至老君乃勅五老上帝等授喜玉册金文賜號文始先生位爲無上眞

人賜紫服芙蓉冠等從遊八絃之外也

謂之老子者蓋生而白首亦以其修道而養壽道德經者其文載道德之旨可以常由也唐藝文志曰天

集解老子道德經序說

史記列傳曰老子者楚苦縣厲鄉曲仁里人也苦音怙。縣本屬陳因楚滅陳故屬楚即今之亳州眞源縣也厲或作賴。杜云瀨水出其西故以名鄉。姓李氏名耳字伯陽諡曰聃周守藏室之史也孔子嘗適周問禮焉禮記曾子問鄭氏註曰老聃古壽考者之號與孔子同時疏云老聃卽老子也說文聃耳垂肩也○後漢寶章傳註云老子爲守藏史復爲柱下史○道藏玄妙玉女內傳其略云玉女自元天降爲天水尹氏女適李靈飛老君於殷陽甲十七年乘日精化流珠入玉女口中已而孕歷八十一年以武丁九年降誕文王爲西伯時召爲守藏史○故論語鄭玄註云老彭商之賢大夫也魏明帝讚云自商武丁九年至周赧王九年遷爲柱下史康王時乃去官故魏明帝讚云爲周柱史昭王時乃入流沙此以孔子時人斟酌其歲數不能知其實所以每事蓋言或云百六十歲或又云莫知所終故家語云孔子謂南宮敬叔曰吾聞老聃博古知今通禮樂之原明道德之歸則吾師也今將往矣有良賈深藏若虛君子盛德容貌若愚等語於是孔子發猶龍之歎按混元實錄昭王時出關穆王元

太上老子道德經集解

董思靖集解

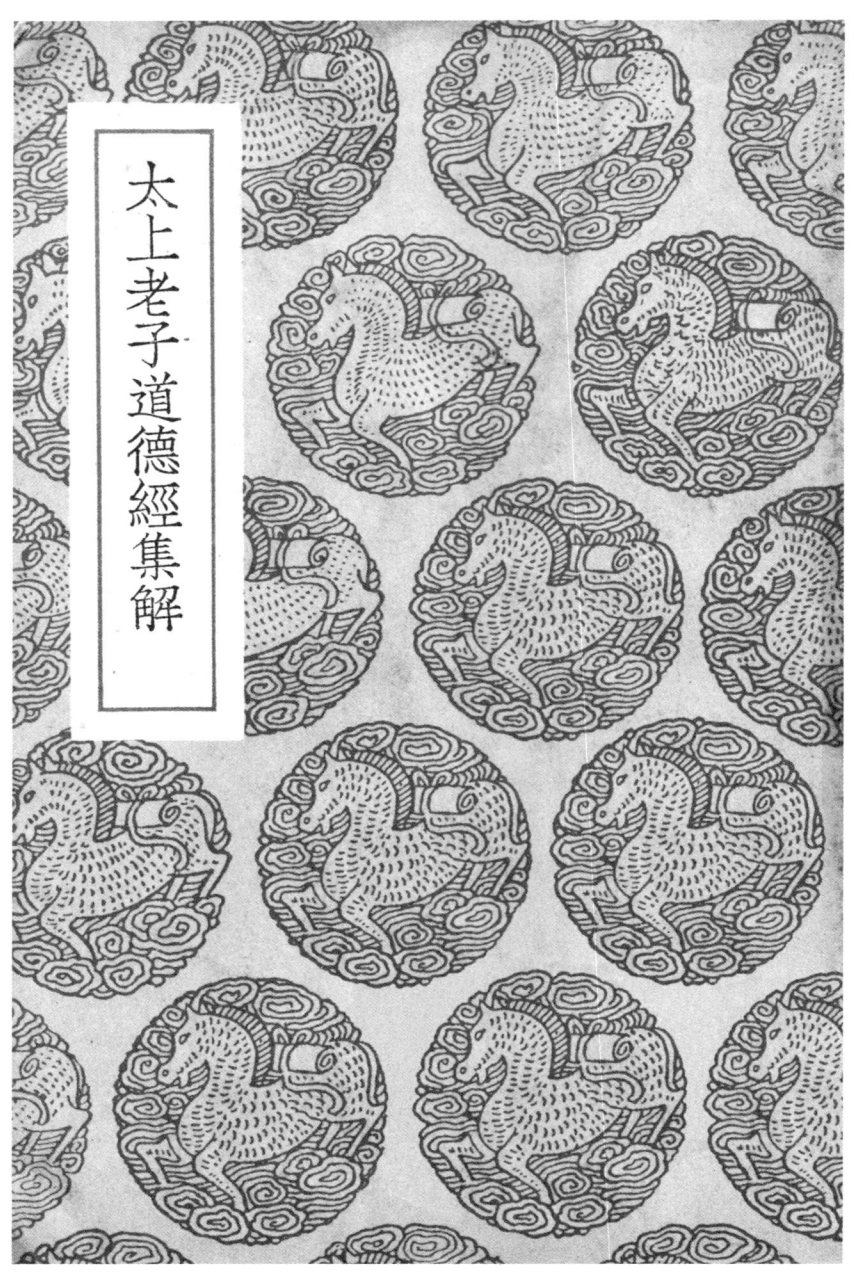

太上老子道德經集解

순언 醇言 율곡의 노자 『도덕경』 해석

1판 1쇄 발행   2023년 3월 31일

지은이   이이
옮긴이   서명자

펴낸이   최창희
펴낸곳   참출판사(주)
            03969 서울시 마포구 성미산로3길 67
대표번호   (02)325-4192
팩스   (02)325-1569
이메일   chambooks@chambooks.co.kr
등록   2000년 12월 29일, 제13-1147

ISBN 978-89-87523-39-2 (93150)
값 16,500원

글 저작권자 © 2023 서명자
이 책의 저작권은 저자에게 있습니다.
저자와 출판사의 허락 없이 내용의 일부를 인용하거나 발췌 및 전재하는 것을
금합니다. 저자와의 협의에 의해 인지는 생략합니다.